SER EXECUTIVO:
UM IDEAL? UMA RELIGIÃO?

JEAN BARTOLI

SER EXECUTIVO
um ideal? uma religião?

EDITORA
**IDÉIAS&
LETRAS**

DIRETORES EDITORIAIS:
Carlos Silva
Ferdinando Mancílio

EDITORES:
Avelino Grassi
Roberto Girola

COPIDESQUE:
Elizabeth dos Santos Reis

REVISÃO:
Elizabeth dos Santos Reis

DIAGRAMAÇÃO:
Juliano de Sousa Cervelin

CAPA:
Márcio Mathídios

EDITORA
**IDÉIAS&
LETRAS**

Editora Ideias & Letras
Rua Pe. Claro Monteiro, 342 – Centro
12570-000 Aparecida-SP
Tel. (12) 3104-2000 – Fax (12) 3104-2036
Televendas: 0800 16 00 04
vendas@ideiaseletras.com.br
http//www.ideiaseletras.com.br

Dados Internacionais de Catalogação na Publicação (CIP)
(Câmara Brasileira do Livro, SP, Brasil)

Bartoli, Jean
    Ser executivo: um ideal? uma religião? / Jean Bartoli. –
Aparecida, SP: Ideias & Letras, 2005. (Management, 1)

    Bibliografia.
    ISBN 85-98239-45-3

    1. Executivos – Conduta de vida 2. Executivos – Psicologia 3. Executivos – Vida religiosa I. Título. II. Série.

05-5779   CDD-658.4

Índices para catálogo sistemático:

1. Executivos: Perfeição empresarial:
Administração 658.4

Para Heloisa, com todo o meu amor, em agradecimento pelo apoio, pela ajuda tão preciosa nesta empreitada e... pela paciência!

Agradecimentos

A todos os executivos que encontrei em sala de aula, em seminários: sem nossas discussões, este trabalho não existiria e não teria sentido.

Ao Prof. J. J. Queiroz, que, além de orientador de minha dissertação de mestrado, é meu grande amigo.

Ao Prof. Marcio Fabri dos Anjos, com quem iniciei esta reflexão e que sempre tem conselhos sábios.

Ao Prof. Jung Mo Sung e ao Prof. Eduardo Rodrigues da Cruz, que me ajudaram muito por suas críticas e pelas sugestões de leitura.

A meu editor Roberto Girola, por sua acolhida e pela pertinência de seus comentários que tanto me ajudaram.

Prefácio

Um aprofundado diálogo com executivos se torna empolgante e revelador. Especialmente quando se pode entrar no cotidiano de suas buscas, nos macetes de sua sobrevivência e no santuário sagrado de seus ideais. É o que esta obra permite fazer. Analisada em suas possíveis trajetórias, a vida do executivo se desenha então como um verdadeiro filme de ação e suspense. A necessidade de jogar bem o jogo, numa competição constante diante de missões possíveis e impossíveis. O inevitável empenho de todas as energias e renovada criatividade lidando com uma intrincada rede de interesses. A exigência dos sacrifícios que invade sua própria intimidade afetiva. Os ingredientes do medo e a insegurança do insucesso que acompanham suas iniciativas. E na pressão de correr os riscos da profissão, não fica descartado o risco da própria vida.

A pergunta-chave para tantas emoções fortes é naturalmente uma questão de sentido. Que razões justificariam tanta adrenalina? Onde estariam os pontos propulsores de tanto dinamismo? Onde os lugares do repouso, do prazer e satisfação em uma vida de tantos riscos? Esta é exatamente a pergunta sobre os ideais do executivo. Não simplesmente a pergunta sobre o executivo ideal, de modo a aprisioná-lo em aspectos puramente funcionais. Vai aqui uma visão mais larga e abrangente, sobre o direcionamento que o executivo confere a sua própria vida.

Seria entretanto praticamente impossível compreender o executivo em seus ideais, sem situá-lo no contexto mais amplo do jogo social. Isto se torna de certa forma ainda mais empolgante, pois o diálogo com a vida do executivo se torna revelador do momento cultural em que vivemos. Integrando um dos pontos nevrálgicos da sociedade de produção, a vida do executivo é como uma nanotecnologia de ponta capaz de revelar o que se passa nos meandros interiores desta pulsação civilizatória. E por integrar seu dinamismo, revela a si mesmo junto com ela. Neste sentido, as conexões estabelecidas neste livro entre a vida do executivo e os processos culturais contemporâneos são inteligentes e estimulantes.

Alguns tópicos se tornam além de tudo intrigantes. De fato, em uma época de fascínio pelos avanços científicos e tecnológicos, a vida do executivo coloca em evidência o contraponto interrogante para toda magia: a vulnerabilidade humana e sua necessidade de luta pela sobrevivência. Diante dela são inúteis as maquiagens e o faz de conta dos jogos de status. As conquistas científicas e tecnológicas não funcionam por si mesmas. A vulnerabilidade se apresenta como uma *situação* muitas vezes resultante do uso das mesmas tecnologias. As guerras atuais demonstram isto à saciedade. Assim como também o executivo pode ser facilmente *queimado* no jogo das mais sofisticadas artimanhas. Logo se verifica então que tal vulnerabilidade não é apenas *situação* episódica, mas verdadeira *condição* humana que requer saídas mais consistentes.

Muitas análises prospectivas da vida para este futuro próximo ressaltam hoje exatamente o desafio da sobrevivência, na medida em que crescem os conhecimentos científicos e o domínio sobre tecnologias. Foi o que fez Van Rensselaer Potter, pai da bioética, há mais de três décadas, especialmente impactado pelas descobertas da fisiobiologia molecular (*Bioethics: bridge to the future*. 1971; o primeiro capítulo desta obra se intitula *Bioética: a ciência da sobrevivência*). Curiosamente, muitos riscos aparecem exatamente na medida em que crescem as conquistas que, agora como nunca, permitem aos seres humanos serem artífices de si mesmos. Como no mito do Prometeu, a humanidade se vê na posse de prerrogativas divinas e capacitada a interferir na construção mais íntima dos seres. Um poder entretanto que não soluciona sua condição de vulnerabilidade, pois, em mãos vulneráveis, ele passa a significar ao mesmo tempo promessa de vida e ameaça de destruição. Como solucionar tal paradoxo?

Aqui se coloca com propriedade a pergunta sobre a perfeição. Perfeição que o executivo persegue como que paranoicamente para contornar seus limites. No presente livro, as várias faces da perfeição estão analisadas com acuidade. Mas entre elas há duas dimensões que merecem particular atenção. Uma se refere às habilidades e significa a boa *performance* do executivo. Através de seu bom – e de preferência excelente – desempenho, ele consegue sair-se bem e ter sucesso. Ser um executivo perfeito. A outra é talvez mais abrangente e quer reunir todo o conjunto de condições para que o executivo atinja sua própria realização. Não se trata de um fugaz sentimento. Trata-se de ser uma pessoa humana realizada como executivo. Há portanto duas artes em questão: a arte de ser executivo e a arte de ser pessoa humana como executivo. Ambas se entrelaçam, como diremos adiante. Mas esta distinção pode se tornar instigante e provocativa.

De fato, a questão da perfeição incomoda a humanidade desde seu berço. É um incômodo persistente com raiz na vulnerabilidade. Na sociedade tecnológica a corrida pela perfeição toma hoje coloridos especiais. Primeiro se mostra na eficiência e exatidão dos instrumentos que operam com margens cada vez mais baixas de erro e de risco. Uma solução para as vulnerabilidades? Solução sem dúvida, mas parcial e capciosa. Pois a perfeição dos instrumentos tem colocado muitos profissionais no desemprego. E quando as máquinas se tornarem espertas para substituir executivos...

Este pesadelo talvez ainda não perturbe o sono dos insubstituíveis. Contudo, é importante notar aqui como a perfeição está sendo colocada em uma arena de competição. A perfeição da máquina compete com a performance humana. Mas também entre humanos a perfeição se cerca de competição. Os executivos às vezes perdem o sono por causa disto. É verdade que a competição pode prestar o serviço do estímulo à perfeição. Psicologia e mercado fazem coro para explicar este dinamismo. Mas o problema é quando a perfeição crescente implica na eliminação do mais frágil. E esta é uma forma predominante com que a sociedade hoje tem lidado com a competição e com a busca da perfeição. É outra história que o executivo conhece. A este ponto, percebe-se como o paradoxo anterior persiste: a perfeição de uns carrega ameaças para a realização de outros. No fundo, que perfeição é esta que não consegue se compor com a realização das pessoas?

As biotecnologias trazem questões ainda mais profundas a este respeito. Tendo como alvo o próprio ser humano, elas se propõem aperfeiçoá-lo em suas características e potencialidades. Afugentam-se muitos espantalhos de vulnerabilidade, principalmente as doenças. O conceito de referência para a saúde centra-se na qualidade de vida. A morte e o morrer são colocados a distância, enquanto com pertinácia se buscam as terapias. Cultiva-se o sonho da imortalidade. As conquistas científicas no campo da genética prometem possibilidades de corrigir os erros na fonte. Como também sugerem estabelecer desde o início alguns padrões de excelência para o ser. *Enhencement* é um termo que carrega a magia de melhorar e potencializar o ser humano através de técnicas e critérios de seleção genética. Os diagnósticos se tornam cada vez mais precoces e assim também mais precoces as possibilidades de eliminar as vulnerabilidades.

Mas onde estão as armadilhas em um processo empolgante como este, do qual podemos nos beneficiar com tantas vantagens? As primeiras arapucas podem aparecer quando as melhorias se transformam em produtos e a seguir em imposição cultural de padrões sociais para consumi-los. Este percurso, inicialmente prático e atraente, já começa a colocar a perfeição como obrigação, ameaçando a liberdade. Mas existem questões que vão bem além desse quadro comportamental. Dietmar Mieth, filósofo alemão, leva esta crítica para as obrigações que começam a se impor a partir de nossa construção genética, e dedica um livro ao que ele chama de *A ditadura dos genes* (Vozes, 2003). Não se trata de tecnofobia ou de conservadorismo naturalista. Suas análises, em síntese, alertam para o fato de que a busca tecnológica da perfeição, tal qual está se dando, constrói gradativamente uma cultura impositiva da perfeição genética; e ao tentar eliminar a fragilidade, mata-se com ela a liberdade. Há várias outras vozes que vão nesta direção. Fukuyama (*Nosso futuro pós-humano: consequências da revolução da biotecnologia*. Rocco, 2003) enfatiza em outros termos que a exacerbação da perfeição biotecnológica é capaz de desencadear a supressão de dimensões profundamente humanas em nosso modo de ser, nossos relacionamentos, emoções, sentimentos, surpresas, humor, e em nossa própria capacidade de compadecer. No afã de libertar os humanos de seus limites, elimina-se o humano. Uma aventura arriscada.

Deste contexto maior participa o executivo com suas buscas de perfeição. Jean Bartoli analisa muito bem neste livro, como o preço da perfeição consiste em grandes sacrifícios. Eles valem a pena? Esta pergunta é nitidamente prospectiva. Acabamos de mencionar esta prospecção nos processos contemporâneos. Aonde vamos chegar com esta corrida de perfeição e sacrifícios? E se não pretendermos perder as rédeas do processo, será necessário perguntar com maior ênfase *aonde queremos chegar*.

A esse ponto é quase uma necessidade pensar em termos de *Ideal*. Olhar a vida em seu conjunto prospectivo e articular as opções. Uma consciência crítica busca no ideal as motivações e os critérios de estabilidade em meio às exigências, aos sucessos e fracassos. Sem uma visão maior daquilo que se almeja, torna-se impossível distinguir os sucessos dos fracassos. De alguma forma, explícitos ou implícitos, os ideais regem a orquestra da vida.

Junto com *ideal*, esta obra coloca a pergunta sobre *religião*. É sem dúvida uma forma de enfatizar a abrangência e a vinculação do ideal. O conceito de religião coloca os ideais em um âmbito de meta-história; evoca conexões que transcendem a própria vida. Assim, não é estranho que líderes religiosos se disponham a sacrificar sua vida ao colocá-la dentro de um contexto mais grandioso. É por isto que, ao ver os executivos assumirem tantos riscos e sacrifícios, cabe mesmo perguntar se sua profissão é uma religião.

Também nisto os executivos são um espelho do que se passa na grande sociedade. Ela conhece bem os sacrifícios, e fala com frequência deles. E, por mais científica que seja, não consegue evitar as expressões que traem suas conotações religiosas. "Creio", "espero", "confesso", e até o amor transformado nos interesses ("é dando que se recebe"), fazem parte de seu vocabulário.

Mas se a religião constitui desta forma como que uma condição humana de viver, um ar que respiramos, a pergunta que resta é uma questão de qualidade. Saber quais ideais merecem quais sacrifícios. A profissão do executivo é o grande livro em que tudo isto está escrito. Aliás, a "profissão", por sua etimologia latina (*pro-fari*) significa o conjunto de práticas através das quais a pessoa se revela. Abraçar, portanto, uma profissão tem tudo a ver com o empenho maior de vida. Aqui também vai uma intrigante curiosidade: os monges milenarmente denominam a emissão de seus votos religiosos como cerimônia de *profissão*. Evidenciam como suas vidas estão comprometidas. A verdade é que nossas profissões nos revelam e nós nos revelamos nelas.

Por isso tudo, está de parabéns Jean Bartoli. Guardo agradecido na memória os bons momentos em que pudemos discutir enfoques pluridisciplinares sobre os assuntos aqui tratados. Somando nossas experiências e percepções, saí enriquecido. E hoje, com satisfação, vejo que suas análises tão provocativas e envolventes desafiam neste livro todo profissional a se tornar protagonista em sua própria aventura de viver.

Márcio Fabri dos Anjos[1]

---

[1] Márcio Fabri dos Anjos é professor titular de teologia; vice-presidente da Sociedade de Bioética São Paulo; e membro da Câmara Técnica de Bioética do Conselho Regional de Medicina do Estado de São Paulo.

Sumário

PREFÁCIO - 9

INTRODUÇÃO - 17

PARTE 1
O EXECUTIVO GLOBAL E PERFEITO -21

1. O executivo no mundo competitivo - 23
2. Entrega total, precariedade e...
   outros dramas existenciais - 55
3. Novos problemas e novos horizontes - 71

PARTE 2
PERFEIÇÃO OU EXCELÊNCIA:
O CAMINHO DO EXECUTIVO - 81

4. Os gregos ou a perfeição na virtude,
   no debate e nas ideias - 85
5. O ideal evangélico: a compaixão e o perdão - 97
6. Os tempos modernos e o progresso - 107
7. Contestação pós-moderna - 121
8. Após a modernidade, a pós-modernidade...
   ou a hipermodernidade? - 137
9. A perfeição como excelência
   e luta pelo reconhecimento - 153

PARTE 3
**ASPECTOS RELIGIOSOS DA EXCELÊNCIA
NA VIDA EXECUTIVA - 179**

10. A excelência: o reino de Deus na empresa - 181
11. Fetichismo? Alienação? - 205

CONCLUSÃO - 219

BIBLIOGRAFIA consultada - 225

Introdução

Este livro é um ensaio! Quando comecei a dar aula em escolas de negócios[1] e atuar em seminários destinados a executivos, tive a sensação estranha de penetrar num mundo diferente e, ao mesmo tempo, muito semelhante ao ambiente eclesiástico, no qual passei doze anos de minha vida. É como se ouvisse uma canção da qual não conhecia a letra, mas já tivesse ouvido a música! Comecei a perceber que as realidades empresariais eram apresentadas por meio de um discurso de estilo muito semelhante às pregações que ouvi ou fazia em ambientes religiosos. Isto me intrigou e me instigou a pesquisar mais a fundo.

Quando fiz minha tese de mestrado em Ciências da Religião,[2] resolvi testar minha intuição e constatei que, no ambiente empresarial, existem alguns paradigmas e alguns valores que, não poucas vezes, são apresentados como inquestionáveis, como se fossem dogmas de uma nova igreja. Resolvi refletir sobre alguns deles, a partir da dificuldade enfrentada pelos executivos de grandes organizações em resistir às pressões, a entender o próprio

---

[1] Dou aula na Fundação Getúlio Vargas, no IBMEC, na FIA/USP, na BSP, na FUNDACE e na Fundação Dom Cabral.
[2] Dissertação de mestrado: "O ideal de perfeição apresentado aos executivos na revista *Exame*: um discurso religioso sob a linguagem técnica do Management?", defendida no programa de Ciências da Religião na PUC (Pontifícia Universidade Católica) de São Paulo em 2001.

papel e, não raras vezes, a si mesmos. Talvez fosse importante indagar se não existia o desvio de um discurso que deveria seguir uma lógica econômica e ética para um discurso que acaba adquirindo fortes conotações religiosas, no sentido mais alienante que se pode dar a este adjetivo. Os executivos das empresas são muitas vezes convidados a abraçar um ideal de perfeição que pode levar a uma adesão de cunho religioso a determinada visão da atividade empresarial. Parece que a realização pessoal e profissional só pode acontecer em um mundo empresarial apresentado como portador de uma mística, a criação do futuro, e como única alternativa de busca de harmonia social e progresso, em um universo globalizado e movido pela competição. Parece-nos que esse ideal pode levar a um impasse: pode negar a gratuidade e propor uma experiência de cunho fetichista, alienante e excludente, na qual a felicidade de alguns eleitos consiste na posse de algumas compensações, tangíveis ou intangíveis, à custa da exclusão da maioria dos que participam da construção desse pretenso paraíso.

Passaram-se quase quatro anos desde a defesa de minha dissertação. Muitas coisas aconteceram no Brasil e no mundo, com inegável repercussão no ambiente organizacional. Por essa razão, a reflexão foi aprofundada, enriquecida de novas perspectivas: o núcleo, porém, continua o mesmo.

A elaboração e a posterior análise do conceito de perfeição empresarial serão complementadas por algumas matérias das revistas *Exame* e *Você S/A* que ecoam muitos dos conceitos presentes na mente e no imaginário empresariais. Certos temas são recorrentes: dedicação à empresa, competitividade, competência, adesão ao modelo de economia globalizada, poder, status, ilusão de ser imprescindível e alinhamento do projeto individual ao projeto da organização.

Para colocar em perspectiva o ideal oferecido aos executivos, analisaremos outros ideais de perfeição propostos no decorrer da história. Os modelos escolhidos são os propostos pela civilização grega, pelo Evangelho e pela Modernidade. A experiência da modernidade acabou gerando questões que originaram dois conceitos, pós-modernidade e hipermodernidade, representando dois tipos de posicionamento em relação às mudanças que ela operou. O critério de escolha não foi gratuito: parece-nos que cada um desses ideais teve pretensão de universalidade e deixou uma herança, às vezes escondida em determinadas características do espelho oferecido aos executivos pelos paradigmas e valores dominantes.

A visão do progresso por meio do conhecimento como motor da humanidade, tão presente na "pregação" aos executivos, corresponde a uma quimera já antiga na história do pensamento ocidental. Um documento revelador e excepcional, que dá a essa doutrinação uma dimensão mística e religiosa, é a *Esquisse d'un tableau historique des progrès de l'esprit humain,* de Condorcet (1793). Além de propagar as crenças, que a posterior ideologia do progresso deveria retomar e atualizar, formula uma interpretação rígida da história que bloqueia toda reflexão crítica sobre a civilização em que vivemos. Mostra, antes de Drucker e Fukuyama, que mais o conhecimento se desenvolve sob a pressão da economia, mais a indústria se torna eficaz, o que santifica e legitima todas as atividades que gerariam a sociedade de consumo. Hoje, o progresso toma uma dimensão intangível porque a economia se desmaterializa pela preponderância da economia financeira sobre a economia real e pela possibilidade de os negócios da economia virtual alcançar valores inimagináveis. A contrapartida é o desprezo demonstrado por Condorcet por tudo o que se opõe a essa visão. Este desprezo é uma outra forma de anátema para quem não compartilha da fé no progresso e no tipo de utopia que se tenta construir. Esta forma de proclamação e de desprezo, que anatematiza os que não aceitam os novos tempos, não deixa de lembrar a Igreja pós Concílio de Trento, onde as afirmações dogmáticas eram redigidas sob a forma de anátemas pronunciados contra quem não as aceitasse!

Weber, em sua análise sobre o *Espírito do Capitalismo*, mostra como o homem é dominado pela produção do dinheiro e por sua aquisição, encarada como finalidade última de sua vida. Isso expressa um sentimento inteiramente ligado a certas ideias religiosas: ganhar dinheiro é o resultado e a expressão da virtude e da eficiência de uma vocação.

Mircea Eliade e Ernst Cassirer fornecerão os elementos que nos possibilitarão investigar dimensões religiosas no discurso de perfeição proposto aos executivos. A análise proposta por Franz Hinkelammert sobre a dominação do ser humano pela produção da mercadoria e do dinheiro e sua dimensão idolátrica e fetichista nos ajudará a perceber qual o tipo de religião apregoado. Erich Fromm e Paul Tillich, por sua vez, ajudarão a dar consistência ao conceito de alienação tão esclarecedor para contribuir ao discernimento de tantas escolhas difíceis do ser humano.

Usei a palavra "ensaio". De fato, este livro não tem a pretensão de ser um livro de receitas: já existem muitos! Acho que a busca de dar sentido à própria vida profissional não pode ser terceirizada! Meu desejo é de, simplesmente, compartilhar uma reflexão sempre em aberto e constantemente enriquecida pelo contato com executivos encontrados em workshops, em salas de aula, em reuniões ou em conversas informais. Meu objetivo é que esse livro possa trazer um pouco de alento e um pouco de luz sobre o que está acontecendo e que, às vezes, dói! Assim, talvez possamos agir e reagir para tornar nossas vidas menos tensas, menos angustiadas, menos submissas e, portanto, mais serenas!

PARTE I

O EXECUTIVO GLOBAL E PERFEITO

Existe um discurso compartilhado pelos executivos, consultores, escolas de negócios acerca do que deveria ser o executivo competente e destinado a liderar as empresas no mundo globalizado e tecnológico que é nosso. Estas ideias são repercutidas na literatura oferecida aos executivos, seja nos livros mais técnicos que tratam da administração de pessoas ou do processo de liderança, seja nas revistas dirigidas a eles. A *Exame* e a *Você S/A* ocupam um lugar de destaque pela competência editorial que elas têm de reunir e sintetizar muito do que é dito no mundo empresarial em relação aos paradigmas mais comuns de liderança e de vida executiva. Por essa razão, teremos a oportunidade de citar matérias dessas revistas.

CAPÍTULO I

O EXECUTIVO NO MUNDO COMPETITIVO

É necessário, primeiro, definir o que entendemos por executivo. A primeira ideia que ocorre é que executivos são os supervisores, gerentes ou diretores que gerenciam e dirigem pessoas e equipes. Não podemos, porém, reduzir a definição a esta categoria de profissionais. Na presente conjuntura econômica e na estrutura atual das empresas, precisamos considerar alguns aspectos relevantes sem os quais não poderemos entender qual é o público alvo do discurso que analisamos. Uma descrição do atual momento vivido pelas empresas americanas pode ajudar-nos a ampliar nossa visão.

Discorrendo sobre os novos desafios da economia americana, Robert Reich descreve três categorias de trabalho que estão surgindo e refletem as reais posições competitivas dentro da economia global e essas categorias, segundo ele, estão tomando forma em outros países. São chamadas de serviços rotineiros de produção, de serviços pessoais e de serviços simbólicos analíticos. Os que estamos acostumados a chamar de executivos atuam na terceira categoria de prestação de serviços, que vamos analisar mais detalhadamente com a ajuda de Robert Reich.[1]

---

[1] REICH, Robert B., *O trabalho das nações*, São Paulo, Educator-Editora, 1993, terceira parte, p. 161ss.

"Os serviços simbólicos analíticos incluem todas as atividades de identificação e de solução de problemas que podem ser comercializadas mundialmente como manipulações de símbolos – dados, palavras, representações orais e visuais. Colocam-se na categoria de analistas simbólicos os que chamam a si mesmos de pesquisadores, engenheiros de projeto, de software, biotecnólogos, consultores, profissionais de relações públicas, financistas, advogados, especialistas em informações gerenciais, em desenvolvimento organizacional e em planejamento estratégico e analistas de sistemas. Esses profissionais solucionam e identificam problemas e promovem a venda de soluções por meio da manipulação de símbolos. As manipulações são realizadas com ferramentas analíticas ou qualquer outro conjunto de técnicas para resolver quebra-cabeças conceituais. Da mesma forma que os trabalhadores rotineiros de produção, raramente os analistas simbólicos entram em contato com o usuário final de seu trabalho. Quase sempre trabalham sozinhos ou em pequenas equipes que podem estar ligadas a grandes organizações, incluindo-se teias mundiais. Quando não estão conversando com seus colegas de equipe, sentam-se diante de terminais de computador, examinam palavras e números, movem, alteram, tentam novas configurações, formulam e testam hipóteses, projetam ou desenvolvem estratégias. Periodicamente emitem relatórios, planos, projetos ou recomendações, participam e provocam reuniões de assessoramento que levam a novos relatórios, que levam a novas reuniões... O grosso do tempo e do custo despendidos resulta de conceituar o problema, desenvolver uma solução e planejar sua execução. Portanto, a capacidade mais valiosa que se espera desses profissionais é de usar o conhecimento de forma efetiva e criativa."

O que foi dito assim aplica-se perfeitamente às empresas e aos profissionais brasileiros mais envolvidos no processo de globalização. Portanto, falando em executivos, estaremos referindo-nos ao tipo de profissionais descrito acima.

O que se espera fundamentalmente de um executivo hoje?

"Cada vez mais os executivos são incentivados pelas empresas, e pelo próprio mercado, a ser pessoas competitivas individualmente.(...) Acontece que competir de verdade nem sempre é uma dessas coisas que se possa fazer suavemente, com muitas cautelas e sem incomodar ninguém. Ao contrário, competir a sério pressupõe atitudes que demandam das pessoas doses altas de energia. Agressividade, ambição, ocupação de espaço, articulação, disposição para incomodar, capacidade de executar tarefas que outros não estejam executando e – por que não? – certas doses de egoísmo, ou, pelo menos, de uma opção preferencial por si próprio."[2]

As qualidades do executivo competitivo são enumeradas: agressividade, ambição, capacidade de executar tarefas que outros não executam, egoísmo e opção preferencial por si próprio. Assim, uma pesquisa conduzida pela própria *Exame* aponta as seguintes habilidades como imprescindíveis:

"Os resultados do estudo mostram claramente quais são as habilidades que devem ter, hoje, os profissionais que almejam uma carreira bem-sucedida, em qualquer área que seja. Vamos a elas: capacidade para realizar e assumir riscos; ser ético e íntegro; ter visão de futuro e capacidade de planejamento; estar orientado para processos, pessoas e resultados; ter habilidade em negociação e flexibilidade para mudança; ter espírito inovador e criativo; ter boa liderança e exercê-la através do exemplo; ter energia e dinamismo; ter habilidade em solucionar problemas; ser bom comunicador, articulador e assertivo".[3]

As características mais importantes do executivo pedidas pela empresa encorajam seu individualismo e sua capacidade de se sobrepor aos outros, não importando as consequências

---

[2] BERNARDI, Maria Amália, Competir não é pecado, não? É bom que o executivo seja competitivo e ambicioso. Desde que respeite limites, *Exame*, 31 (629): 82, 12 de fevereiro 1997.
[3] IDEM, Você vai dar certo?, *Exame*, 29 (618): 70, 11 de setembro 1996.

que isso possa acarretar em seu relacionamento com as pessoas dentro da empresa. Em caso de escolha, a opção é para si próprio. As competências e as virtudes a serem desenvolvidas destinam-se a favorecer no executivo essa capacidade de competir, mesmo que isso possa levar a incomodar. Aliás, nesta mesma matéria, problemas começam a aparecer:

> "Pronto, está formado o problema. Todas essas atitudes, normalmente, têm uma conotação ambígua. Tomadas ao pé da letra, por exemplo, podem ser a descrição negativa de alguém. Podem significar uma pessoa perigosa, não confiável, sem escrúpulos, que passa por cima dos outros para conseguir o que quer, talvez até desonesta. Esse traço de desconfiança em relação à competitividade faz parte da cultura latina e católica, apegada a pontos tradicionais de moral e de costumes, norteada por conceitos radicais a respeito do que é – e sobretudo do que não é – aceitável no comportamento social. Mais que regras escritas, impera aí um determinado conjunto de valores pelo qual fica estabelecido, implicitamente, que isso 'se faz' e aquilo 'não se faz'. Lutar abertamente pelos próprios interesses, admitir ambições, deixar explícita a vontade de obter benefícios materiais, prestígio ou poder, tudo isso cai, por exemplo, no capítulo daquilo que 'não se faz'. Ou melhor: não é errado desejar essas coisas, o errado é mostrar que você as deseja".[4]

Os problemas levantados por essa atitude competitiva têm a ver com a cultura latina e católica. Se a reação à competitividade for um traço cultural e religioso, as conotações negativas ou ambíguas seriam dadas por pessoas apegadas a pontos tradicionais de moral e de costumes como, por exemplo, a necessidade de ter escrúpulos quanto ao fato de passar por cima dos outros para conseguir o que se quer. Querer ter prestígio, bens materiais e poder representam, portanto, um outro modo de

---

[4] BERNARDI, Maria Amália, Competir não é pecado, não? É bom que o executivo seja competitivo e ambicioso. Desde que respeite limites, *Exame*, 31 (629): 82, 12 de fevereiro 1997.

ser, diferente do tradicional, e que, segundo a revista, não é errado, desde que não se mostre explicitamente.

Qual a razão determinante pela qual o executivo deve ser competitivo? Porque a sociedade capitalista é uma sociedade competitiva.

> "A ideia de competição é fundamental para o capitalismo. Como disse Adam Smith, é da soma dos egoísmos individuais que nasce o bem-estar coletivo. Seu raciocínio se baseia na lógica de que, quando cada pessoa trabalha por seu próprio interesse, produz mais e com mais qualidade. O ponto de discussão é como competir."[5]

Esse postulado, que fundamenta toda a reflexão sobre o comportamento humano na sociedade e na organização empresarial, é tirado da interpretação dominante de Adam Smith: competir significa produzir mais e com mais qualidade, em função do próprio interesse, único resultado procurado por quem é movido pelo egoísmo.[6] Não se focaliza a busca do bem comum, a ser definido e negociado: o máximo que se pode esperar é o nascimento de um bem-estar coletivo que não chega a ser definido nem descrito. Nenhum juízo de valor é emitido sobre o fato de que a sociedade atual é uma sociedade competitiva no sentido acima exposto: é um princípio indemonstrável e indiscutível.

Como não se discute nem se analisa se o paradigma da competição tem realmente a amplitude e a abrangência que lhe são atribuídas, o problema é como o executivo poderá ser um agente eficaz nesse processo competitivo em que estão engajadas as empresas e com o qual, como profissional, ele deve estar comprometido.

---

[5] Ibid., p. 84.
[6] Interpretação matizada por autores que convidam a interpretar as afirmações de Smith no contexto em que foram emitidas. Ver, por exemplo, KORTEN, David C.: *Quando as corporações regem o mundo*, São Paulo, Editora Futura 1996. Mais adiante discutiremos este ponto.

LIBERDADE E NECESSIDADE

Pode-se perguntar: qual é a margem de manobra real do executivo no processo de competição econômica conduzido pela mão invisível do mercado? Qual é o espaço de liberdade que existe para que alguém possa influenciar este processo? O paradoxo é que existem duas mãos, a invisível e a visível e a invisível precisa da visível para poder competir.

"No estudo dos negócios, há sempre um ponto a partir do qual o mercado e suas forças deixam de ser suficientes para explicar o sucesso ou o fracasso dessa ou daquela companhia, desse ou daquele país. Condições históricas, políticas e econômicas exercem, é claro, papel preponderante nos rumos de uma empreitada. São a mão invisível do mercado, pedra fundamental da ideologia liberal. Mas há também enorme fatia de responsabilidade repousando na definição das estratégias, na tomada de decisões, na condução das ações. Isto é, na mão visível do mercado: o gerenciamento."[7]

Sendo a mão invisível a pedra fundamental, o alicerce da ideologia liberal, sua existência não pode ser questionada, sob pena de ruir todo o sistema de mercado. O campo de ação possível para o executivo é ser a mão visível do mercado através de ações administrativas e de gerenciamento das organizações empresariais e políticas. Portanto, todo o esforço empreendido pelas organizações na formação de seus quadros está destinado a fazer funcionar a mão visível para que ela não atrapalhe e favoreça a ação da mão invisível. Serão as empresas e os executivos que as conduzem preparados para enfrentar esse mundo empresarial competitivo e globalizado?

---

[7] SILVA, Adriano, Faça a guerra, não o amor. Em vez de se queixarem dos competidores estrangeiros, os empresários brasileiros precisam reagir – e ganhar mercados, *Exame* 30 (633):41, 9 de abril 1997.

JOGAR O JOGO

Como as empresas brasileiras estão engajadas nesse processo de competição global e como os executivos brasileiros dele participam? Para responder a esta pergunta, é preciso escolher um marco comparativo, os Estados Unidos, por causa de sua liderança no mundo capitalista e de sua estabilidade macroeconômica.

"Nos Estados Unidos, onde os fatores macro são estáveis e sólidos há décadas, o *management* assumiu há pelo menos meio século um papel fundamental no que toca ao destino das companhias e, de modo mais amplo, do próprio país. Os gerentes, e em especial a alta gerência, são os senhores da guerra. Se não souberem jogar, são eles as primeiras baixas: estão na linha de frente, como os bons generais. Se forem jogadores exímios, são pagos regiamente e podem virar sócios das companhias em poucos anos. Um jogo de regras simples e claras, bem ao estilo americano de eficiência. As condições estão dadas da mesma forma para todos os jogadores e o que define o sucesso de uma companhia ou o fracasso de outra são os movimentos que cada uma decide fazer e a maneira como os fazem, ou seja, o tipo de gerenciamento que implementam."[8]

Não é objeto de nossa reflexão questionar se essa visão do jogo empresarial americano não é um tanto idílica. O que nos interessa aqui é ver o desenho do conceito de gerenciamento e as finalidades que lhe são atribuídas. O ponto fundamental é que os executivos estão engajados num jogo aberto, embora jogo de guerra, em que as chances são iguais, as regras são simples e claras e onde o melhor vence e será regiamente recompensado. Nessa guerra não há lugar para os medíocres, mas somente para senhores da guerra e exímios jogadores:

---

[8] Ibid., p. 41.

quem não se enquadra nestas categorias e não sabe jogar merece ser excluído. O sucesso e o fracasso de uma companhia são definidos pelos movimentos que cada um, movido por seu "egoísmo individual", faz e pelo tipo de gerenciamento implementado. Parece então que a mão invisível, ao se manifestar e agir mediante a mão visível, vai perdendo seu pudor e mistério! Enfim, este é o jogo.

No Brasil, a realidade é outra, porque o contexto histórico foi diferente, não permitindo que se possa jogar o mesmo jogo. Qual foi, então, o papel dos executivos brasileiros?

> "Nesse contexto, o gerente no Brasil sempre foi um funcionário burocrático, pago para administrar os entraves do dia a dia. A ele não era requerida nem dada a busca de novas oportunidades, o aperfeiçoamento dos processos, o desenvolvimento de estratégias. Afinal, a exemplo das grandes propriedades rurais, boa parte dos mercados no Brasil chegaram às empresas como lotes cercados de arame. A alta gerência decidia quanto daquele lote usaria e o tamanho da margem de lucro que queria ter. Os consumidores, à guisa de vassalos, não tinham muita alternativa senão pagar o que lhes era exigido e resignar-se com o que recebiam em troca".[9]

Esta matéria é representativa de como o executivo médio brasileiro é (ou era? ou continua um pouco sendo?) visto por seus pares mais engajados no processo de globalização. A característica principal sublinhada neste artigo é o imobilismo que o impede de ter qualquer criatividade frente às novas oportunidades. A ligação entre um sistema econômico feudal e a tendência burocrática do gerente brasileiro é claramente exposta. Portanto, mais o mercado torna-se competitivo, mais o executivo terá oportunidade para desenvolver-se e adquirir novas qualidades e virtudes, desde que saiba perceber

---

[9] Ibid., p. 41.

o novo modelo que está sendo implantado. Daí a necessidade de ele mudar. A partir de quando a mudança começa a operar-se no Brasil?

"Todo esse cenário começou a mudar na década de 90, especialmente com o Plano Real e a nova economia brasileira. A competição está lentamente se tornando um ingrediente efetivo do mundo dos negócios no Brasil. (...) Um discurso tem sido comum aos industriais brasileiros ultimamente: é impossível para as empresas nacionais disputar a corrida global por mercados e clientes – especialmente quando ela ocorre dentro do Brasil. Ou seja, chineses, tailandeses, argentinos e toda sorte de cores nacionais estariam entrando incólumes com seus produtos no mercado brasileiro e realizando estragos entre os competidores nacionais. A reação generalizada do empresariado reflete precisamente o passado que nos trouxe à presente situação de vulnerabilidade do país: vão bater às portas do Palácio do Planalto, em sobressalto".[10]

Percebe-se que, segundo este jornalista, as empresas e os executivos brasileiros entram nesse mercado competitivo com dificuldades e resistências. Permanece a tentação de continuar nos feudos e de recorrer à ajuda do governo cada vez que a competição se faz mais exigente. E se essa atitude fosse coerente com o interesse pessoal que cada empresário procura realizar, movido pelo "egoísmo individual"? No mundo liberal e globalizado, porém, é impossível cuidar do próprio interesse sem declarar a guerra. As regras do jogo são aquelas determinadas pelo capitalismo americano e suas empresas.

"Poucos realizam o movimento na direção oposta, o que se esperaria de empreendedores, que é analisar a concorrência, reorganizar a produção, reduzir os custos, repensar o marketing e declarar guerra.(...) Nenhuma economia que não seja genuína e agressivamente liberal terá condições de

---

[10] Ibid., p. 41-42.

sobreviver. O mesmo se dará no âmbito das empresas. Quem não tiver condições de caminhar pelas próprias pernas – e continuar atrelando seu passo ao protecionismo, seja ele fruto de uma estrutura feudal como a nossa ou de um sistema centralizador como o de alguns países europeus e asiáticos – simplesmente não caminhará. Assistirá às próximas décadas desde uma posição retardatária."[11]

Aí está o grande medo: ficar no atraso. Em nenhum momento se pode questionar se a corrida está no rumo certo. O problema é participar dela! O elemento competitivo chave para reverter a situação é a qualidade do gerenciamento.

"Chegaremos à relevância internacional basicamente através do gerenciamento. Do talento de executivos em tomar as melhores decisões, criar e ocupar espaços, competir. (...) A expansão brasileira no âmbito da economia mundial virá como resultado de ações da iniciativa privada, embasadas no gerenciamento. Um dos grandes obstáculos que precisamos vencer para chegar lá é o sentimento de inferioridade que o brasileiro, como latino-americano e terceiro-mundista, costuma ter em relação a outros povos e países.(...) O brasileiro costuma pensar que não pode competir com americanos porque não é tão esperto e tão prático quanto eles, nem com alemães ou japoneses porque não é tão organizado e não trabalha tão duro, nem com chineses ou malaios porque não lhes alcança os preços."[12]

Algumas empresas brasileiras já estão conseguindo isto:

"Na AmBev, os números ainda são o melhor argumento em favor da hipercompetição entre os talentos. Fruto da fusão de Brahma e Antarctica, ela é hoje a Quinta maior companhia de bebidas e a Quarta maior cervejaria do mundo. No terceiro trimestre deste ano, apenas nove meses após a

---

[11] Ibid., p. 42.
[12] Ibid., p. 44.

fusão, atingiu um lucro líquido de 387,8 milhões de reais. A hipercompetição entre os funcionários tem a ver com isso? Muito provavelmente, sim. O mesmo método funcionaria em outra empresa? Em um bom número delas, poderia significar o suicídio. A AmBev só vem tendo resultados positivos ao levar seus funcionários ao limite porque isso combina com sua cultura corporativa, com a forma de remuneração adotada e com o perfil das mulheres e dos homens caçados por Magim Rodrigues e seus sócios. A pressão por resultados é enorme. Os horários de trabalho, insanos. Os benefícios oferecidos, pífios. Mesmo assim, a rotatividade entre os executivos é de 5% ao ano. Eles ficam porque apreciam desafios e porque adoram o dinheiro que a vitória sobre eles geralmente traz".[13]

A hipercompetição existe em nosso meio e quem participa desse jogo parece gostar e não querer sair por causa do dinheiro recebido. Para eles, isso vale qualquer sacrifício. Comentários foram feitos quando esta matéria foi publicada, muitos deles negativos sobre o ambiente que tal competição exacerbada cria na organização. Isto deveria, pelo menos, induzir uma pergunta: será que a Ambev não está simplesmente levando até as últimas consequências os princípios assumidos pelo sistema?

A CONVERSÃO PARA A EMPREGABILIDADE

O fator autoestima é fundamental para competir. O gerente brasileiro precisa modificar a visão que tem do mundo e de si mesmo. Precisa mudar atitudes para poder, inclusive, ter mais autoestima. Pode parecer um pouco difícil depois de tudo o que foi dito sobre as características da sociedade bra-

---

[13] CORREA, Cristiane, Ambev, no limite, *Exame* 34 (729): 66, 13 de dezembro 2000.

sileira e de sua economia. Contudo, o apelo à conversão foi lançado! E se esse apelo não for ouvido? E se o executivo não se converter? Dito em termos mais técnicos: qual é a empregabilidade do executivo brasileiro?

Para responder a essa pergunta, precisamos entender melhor o termo "empregabilidade", que recebe a seguinte conotação: mais do que avaliar se um candidato a determinado emprego tem as competências necessárias, trata-se de descobrir se ele está realmente motivado para entrar e dedicar-se integralmente a essa guerra através de serviços prestados ao sistema representado pela empresa. E toda empresa capitalista globalizada é regida por três conceitos: produtividade, relacionamento e qualidade.

> "Empregabilidade é a maneira mais clara de enxergar as três áreas de êxito de uma organização: produtividade, relações e qualidade. Também é uma palavra nova. A empregabilidade pode ser comparada a outras formas de 'ade', 'ança' ou 'ia'. Da mesma forma que a palavra cidadania define aquilo que é preciso para ser um bom cidadão e liderança o que é preciso para ser um bom líder, a empregabilidade define o que é preciso para ser um bom funcionário. Quando o indivíduo faz um esforço sincero e orientado às metas para fazer o melhor possível dentro das três áreas de êxito da organização demonstra um tipo especial de engajamento pessoal. Esse tipo de engajamento é o que eu chamo de empregabilidade".[14]

O que é preciso para ser um bom funcionário? O engajamento pessoal nas três áreas de êxito que vai ser medido pelo cumprimento ou não de metas estabelecidas pela direção

---

[14] MÖLLER, Claus, A santíssima trindade que leva ao sucesso, Responsabilidade, lealdade e iniciativa. Eis os elementos fundamentais que formam o conceito de empregabilidade. Sua carreira depende disso, *Exame*, 30 (623): 102, 20 de novembro 1996. O consultor dinamarquês Claus Möller é dono da Time Manager International, uma das maiores empresas de administração e treinamento de pessoal do mundo.

da organização: dificilmente hoje, essas metas são discutidas com quem deve fazer o esforço sincero de alcançá-las; elas são expressas em termos de quantidade de produto e cada vez mais em termos de resultados financeiros, tanto em faturamento quanto, principalmente, em rentabilidade ou lucratividade. Qualidade e relacionamento são meios e sempre avaliados em função da rentabilidade a ser alcançada. Na nova economia, os conceitos de produtividade e qualidade têm sua importância redimensionada em relação ao conceito de alto risco compensado por alta rentabilidade quase imediata, independentemente de a empresa ter vida longa ou não. O que importa é a capacidade de alguém vender ideias que possam ter um retorno imediato quando do lançamento em bolsa da empresa, que ainda não demonstrou nada em termos de competência operacional. A competição exerce-se em cima das expectativas dos possíveis investidores.

Enfim, a empregabilidade parece ser o novo nome da cidadania empresarial.

> "Qual a importância de se ter claro esse conceito em mente? Quem pensa que as hierarquias das empresas não podem se achatar ainda mais do que já se achataram será forçado a rever suas ideias. No futuro haverá muito poucas camadas de direção e não haverá espaço para processos ou pessoas que não ajudem a criar um valor adicionado mensurável em relação à lógica da organização."[15]

A mensagem é clara: o espaço está ficando cada vez menor nas empresas por causa do achatamento dos níveis hierárquicos e da diminuição dos postos de trabalho. Quem não conseguir criar um valor adicionado mensurável em relação à lógica da organização não conseguirá espaço profissional porque a lógica da organização é ditada pelo som que todo empresário quer ouvir em sua organização: o do dinheiro que entra em caixa.

---

[15] MÖLLER, Claus, ibid., p. 102.

Quais são as características fundamentais deste cidadão da empresa, bom funcionário e bom membro da equipe? Existem três virtudes: responsabilidade, lealdade e iniciativa.

"O conceito de empregabilidade expressa o que é preciso para a pessoa ser um bom funcionário ou um bom membro de uma equipe. (...) A meu ver, a empregabilidade é composta por três elementos básicos: responsabilidade, lealdade e iniciativa. Esses três conceitos globais são característicos da atitude e do comportamento das pessoas que são boas funcionárias."[16]

Não estamos mais falando em capacidades intelectuais ou operacionais, mas em comportamentos. O autor vai detalhar cada uma dessas virtudes. Segundo ele, a responsabilidade tem a ver com a consciência de possuir uma influência real, o que constitui uma experiência pessoal muito importante e fortalece a autoestima. Para ele, só pessoas que tenham autoestima e um sentimento de poder próprio são capazes de assumir responsabilidade, porque elas sentem e criam um sentido na vida. Concretamente, essa responsabilidade se verifica alcançando metas sobre as quais concordaram previamente com seus chefes e pelas quais assumiram responsabilidade real, de maneira consciente. A lealdade significa a capacidade de se alegrar quando a organização ou o departamento são bem-sucedidos, de defender a organização, tomando medidas concretas quando ela é ameaçada, ter orgulho de fazer parte da organização, falar positivamente sobre ela e defendê-la contra críticas; isto não quer dizer necessariamente fazer tudo o que a pessoa ou organização quer; ser fiel não é sinônimo de obediência cega. Lealdade pode significar fazer críticas construtivas desde que mantidas dentro do âmbito da organização, agir com a convicção de que seu comportamento vai promover os legítimos inte-

---

[16] MÖLLER, Claus, ibid., p. 102.

resses da organização. Continuando, o autor chega a afirmar que, em algumas situações, lealdade pode significar a recusa em fazer algo que o executivo acha que poderá prejudicar a organização, a equipe ou os funcionários. Segundo ele, contudo, não parece que pode existir um conflito entre a lealdade à empresa e a lealdade do executivo a alguns princípios pessoais ou sociais que o levaria a discutir decisões da empresa, confrontando-as a interesses mais amplos. Aliás, este tipo de situação nunca é considerado nos códigos empresariais de ética. A empresa parece absolutamente infalível e incapaz de querer coisas más. Quanto à terceira virtude, a iniciativa, o autor indica que tomar a iniciativa de fazer algo no interesse da organização significa, ao mesmo tempo, demonstrar lealdade pela organização. Em um contexto de empregabilidade, tomar iniciativas não quer dizer apenas iniciar um projeto no interesse da organização ou da equipe, mas também assumir responsabilidade por sua complementação e implementação. Ele reconhece porém que para que o executivo possa usar todo o seu espírito de iniciativa, ele precisa de certo grau de liberdade. Entre os requisitos prévios importantes para que as iniciativas de todos dêem bons resultados, considera que tanto a direção quanto aqueles que tomam iniciativas devem estar dispostos a assumir riscos calculados, que todos na organização devem aceitar os erros criativos, que ocorrem quando se fazem experiências e se testam coisas novas e que força de vontade e coragem devem fazer com que todos na organização ajudem uns aos outros a quererem e a ousarem usar sua iniciativa de maneira inteligente e alinhada.

As empresas enfrentam uma luta gigantesca para ajudar o executivo a passar por esse processo de transformação: longe de ser fácil obter um ser humano tão perfeito, é preciso que seja educado, mais exatamente, reeducado:

> "Alterar o comportamento do ser humano não é tão simples nem rápido quanto lhe ensinar uma nova tecno-

logia. Ao contrário, é tão complicado e demorado quanto reeducá-lo depois de adulto. A saída está na palavra reeducação".[17]

Esta palavra não traz boas lembranças! É interessante notar que todo sistema que quer formar o homem, o cidadão ou o executivo ideais acaba recorrendo a ela! Realmente, não é fácil perseverar no ideal acima delineado. O executivo não será reeducado em um desses ambientes fechados que despertam lembranças sinistras! Ele mesmo precisará reeducar-se para poder sobreviver e garantir seu lugar no jogo de guerra em que está envolvido. A recompensa é um novo batismo que o faz entrar num mundo novo:

> "Não é raro o executivo acabar confundindo o título do cargo que ocupa com seu sobrenome de batismo. E, consequentemente, incorporar a sua vida pessoal os benefícios e o poder que o cargo lhe confere. Todo o mundo já viu esse filme: o executivo viaja para lá e para cá, no jatinho da empresa; tem acesso a pessoas importantes porque representa a empresa; conversa com ministros em nome da empresa; toma decisões que envolvem milhões de reais que pertencem à empresa. "De repente ele passa a acreditar que é a pessoa dele que tem acesso a tudo isso", diz o *headhunter* Simon Franco, da Simon Franco Recursos Humanos. "Até o dia em que lhe tiram o cavalo e a sela onde estava montado, sem aviso prévio".[18]

Este mundo novo é o mundo do poder que traz os benefícios conferidos pelo cargo ocupado: é o status, o contato com os poderosos e com o dinheiro e a sensação de tomar decisões importantes. Estas recompensas são precárias: tudo pode acabar sem aviso-prévio! Cabe a cada executivo manter

---

[17] BERNARDI, Maria Amália, Você vai dar certo?, *Exame*, 29 (618): 70, 11 de setembro 1996.
[18] ASSEF, Andréa, O seu cartão já diz tudo?, *Exame*, 30 (628): 108, 29 de janeiro 1997.

a vigilância para não ser pego desprevenido. A ajuda que alguns poderiam esperar da empresa faz parte de um mundo que passou: as empresas não têm tempo, nem os chefes têm condição na velocidade das mudanças de prestar muita atenção à carreira de seus executivos que é, aliás, um bem precioso demais para ser entregue a terceiros:

> "De agora em diante, você é o dono de sua própria carreira. 'O executivo é o próprio negócio', diz William Morin, um dos fundadores da DBM, a maior empresa de *outplacement* do mundo. 'A carreira é um bem precioso demais para ser entregue a terceiros.' É a era da empregabilidade, o conjunto de competências e habilidades necessário para manter sua colocação dentro ou fora de sua empresa. (...) O principal mandamento dessa era é a capacidade de gerar constantemente trabalho e remuneração – e não emprego e salário, como antigamente. Nesse novo mundo, as estruturas emagrecem dia após dia. Assim, os chefes não podem dar atenção especial à carreira de seu time. As empresas também abandonaram a postura paternalista de décadas e décadas de garantia de emprego eterno. A posse da carreira foi devolvida ao executivo. O americano William Bridges, autor do livro *Job Shift*, cunhou uma expressão divertida para exprimir esse estado de coisas: segundo ele, o executivo deve rebatizar-se de Você & Co".[19]

Castanheira conclui esta matéria apontando que o desafio da empregabilidade é uma passagem entre o velho e o novo modelo que pode sacrificar uma virtude importante apontada na outra matéria como pilar dessa mesma empregabilidade:

> "O grande desafio para os executivos está na travessia entre o velho e o novo modelo. Abandonar os laços de lealdade e adotar o profissionalismo. Deixar de pensar como funcioná-

---

[19] CASTANHEIRA, Joaquim, A era da empregabilidade, *Exame*, 29 (610): 36, 22 de maio 1996.

rio e colocar-se como fornecedor. 'Eles sabem que os antigos mandamentos já não são válidos, mas ainda não aceitam os novos', diz *Vic*, da DBM. 'Estão no ar antes de mergulhar'".[20]

Fica difícil entender como a lealdade pode ser substituída pelo profissionalismo, que parece poder ser definido como a lealdade a Você & Co. Anteriormente, porém, tínhamos visto que a lealdade, uma das virtudes básicas da empregabilidade, podia inclusive levar à recusa de fazer coisas que pudessem prejudicar a organização. E se a organização pedir determinadas atitudes que prejudicam Você & Co.? Os jovens executivos, ouvidos por uma pesquisa realizada pela *Exame*, têm a resposta:

> "A lealdade à empresa está morta. Em compensação, ele trabalha como ninguém pelo sucesso da companhia, porque identifica este como o melhor caminho para seu próprio sucesso".[21]

ENFRENTAR O DILEMA ÉTICO E SER HUMILDE

Tudo isso pode levar o executivo a enfrentar um dilema: assumir o desejo de ser competitivo sem mostrar e aceitar pagar o preço, que pode ser certo isolamento. De fato, como vai reagir frente a seus pares que são seus competidores diretos? Neste momento, não se trata mais de ser um servidor da competitividade da empresa, mas de enfrentar uma competição pessoal que pode tornar-se predatória.

> "De que maneira evitar os problemas que o espírito competitivo traz para as pessoas? A resposta está em ter padrões de comportamento ético, e de moral, rigorosamente

---

[20] CASTANHEIRA, Joaquim, ibid., p. 36.
[21] COHEN, David, As empresas vão ser deles, *Exame*, 31 (661): 107, 6 de maio 1998.

definidos – e não ultrapassar seus limites. (...) O problema é que há sempre controvérsias quando se fala em limites. Suas linhas são diferentes para uns e outros porque educação, formação e princípios recebidos na infância variam não apenas de cultura para cultura, mas de família para família. Se somos obrigados a conviver com pessoas que não pensam e agem da mesma forma que pensamos e agimos, o conselho primordial é tentar não se perder, não deixar de ser quem você é."[22]

Evitar os problemas causados pelo espírito competitivo implica ter padrões de comportamento ético rigorosamente definidos... por quem? Quando existe uma grande diversidade, o conselho primordial é ser si mesmo. Continuamos com o mesmo problema! Se a ideia de competição é fundamental para o capitalismo, a maior dificuldade é fixar limites porque, afinal, o executivo é sempre instado a escolher a si mesmo em qualquer conflito que possa ocorrer, menos o que pode enfrentar com os próprios valores do capitalismo cultuados e praticados por sua empresa, para quem vai a dedicação total de seu ser e de sua competência. Como se apresenta o problema ético nesse contexto?

Existe primeiro uma questão de sobrevivência:

> "A inquietante pergunta que emerge disso é se é possível para uma empresa, ou para um profissional, sobreviver no mercado sendo ético, agindo correto, jogando pelas regras, enquanto seus competidores jogam areia no olho, agem sem nenhum parâmetro moral e perseguem objetivos na base do não-importa-como".[23]

O autor da matéria define o que entende por ética: um conjunto de valores que orientam o comportamento de um

---

[22] BERNARDI, Maria Amália, Competir não é pecado, não? É bom que o executivo seja competitivo e ambicioso. Desde que respeite limites, *Exame*, 31 (629): 84, 12 de fevereiro 1997.
[23] SILVA, Adriano, Agressivo ou predador, *Exame*, 34 (715): 34, 31 de maio 2000.

indivíduo. Ter ética significa, basicamente, ter respeito pelo outro – ou pelos outros. É um conceito que não admite gradações e que pode levar as empresas a repensarem o próprio conceito de competitividade:

> "Motomura pergunta o que aconteceria se dois competidores, em vez de brigarem até a morte para morder a participação de mercado do outro, se dedicassem a expandir juntos o mercado em que atuam (...). Esse modo de ver as coisas questiona o próprio conceito de competitividade – que tem servido de desculpa para muita gente boa bater abaixo da linha de cintura. 'Não há necessariamente uma realidade eu-ou-você. Mas nós nos comportamos como se houvesse', diz Motomura. 'A competitividade de que ouvimos falar hoje pode ser uma dificuldade de pensar diferente. E se construíssemos relações ganha-ganha entre concorrentes? E se forjássemos algum tipo de cooperação que pudesse resolver problemas comuns a várias empresas e a seus respectivos públicos, e que, portanto, beneficiasse a todos?'"[24]

Isto deve levar a discutir o próprio conceito de resultados: não se pode considerar somente os resultados quantitativos, mas também deve-se aferir qualidade do produto e satisfação do cliente. Em relação aos funcionários, algumas modificações devem ser feitas no próprio conceito de remuneração e de premiação:

> "Eis a importância das empresas no processo de consolidação da ética no país. Afinal, ninguém duvida que o ambiente corporativo constitui, cada vez mais, uma arena privilegiada das relações sociais e das definições nacionais. Num primeiro momento, as empresas estimulavam seus funcionários apenas com salário e promoções, de um lado, e com a ameaça de demissão, de outro. Depois, passaram a premiar os resultados financeiros – o grosso das empresas

---

[24] Ibid., p. 36.

brasileiras está nesse estágio. O próximo passo será premiar o comportamento dos funcionários. 'Há cada vez mais empresas olhando para as competências e não só para os resultados', diz Nelson Savioli, diretor de recursos humanos da Gessy Lever".[25]

O autor prossegue ressaltando a importância do processo educativo para fechar as brechas que levam as pessoas a atitudes pouco éticas e mostrando que num ambiente marcado pela preocupação com o aprimoramento das competências dos funcionários, a comunhão de valores pode ser um outro fator fundamental para a manutenção da ética. Isto, porém, não basta: é preciso cobrar e dar o exemplo, porque a conduta do presidente e do primeiro escalão indica mais caminhos do que mil palavras.

> "Eis o motor do processo de consolidação da ética em uma determinada comunidade: os indivíduos. Em mercados sofisticados – e alguns setores da economia brasileira já estão a ponto de integrar esse clube – instala-se o que o americano Philip Kotler, uma das maiores autoridades mundiais da área de marketing, chama de *consumerism*: um estágio da competição no qual os produtos e os preços se equivalem, e os consumidores acabam decidindo comprar por identificação com as empresas que estão por trás das marcas."[26]

O autor conclui que o processo de resgate da ética acaba sendo conduzido pelos indivíduos agrupados em dois grupos: sem ética, as empresas não vão conseguir atrair os melhores talentos e vão ser cobradas pelos consumidores. Através destes, é o mercado que vai decidir se as empresas são éticas ou não.

Ponto de vista semelhante é desenvolvido numa outra matéria.

---

[25] Ibid., p. 36.
[26] Ibid., p. 37.

"Empresas existem para gerar valor. Essa é a missão primordial, a razão de ser de qualquer negócio. É para isso que seus líderes armam estratégias, seus funcionários dão duro, seus acionistas investem. É para gerar valor, e se perpetuar por meio dele, que companhias de todo o mundo se reinventam quase que diariamente, a fim de se adaptar a um mercado cada vez mais exigente, global e mutante. É exatamente ele – o mercado – que nos últimos anos vem cobrando de maneira obsessiva uma transformação no modo como as empresas fazem negócios e se relacionam com o mundo que as rodeia. A mão invisível, como diria Adam Smith, está transformando o conceito de boa cidadania corporativa – ou de responsabilidade social – numa questão estratégica e de sobrevivência a longo prazo no mundo dos negócios. Nesse novo ambiente, os interesses dos acionistas dividem espaço com as demandas da comunidade e dos clientes, funcionários e fornecedores. É para esse grupo, os chamados *stakeholders*, que a empresa do futuro terá de gerar valor. Estamos, na verdade, diante de um novo modelo estratégico – um modelo que tende a se fortificar nas próximas décadas. Durante muito tempo, as empresas foram pressionadas a se preocupar com a qualidade de seus processos. Um excelente produto, com preço competitivo e bom serviço agregado, deixou de ser uma vantagem para se tornar uma obrigação", diz Waldemar de Oliveira Neto, superintendente do Instituto Ethos, entidade que tem como objetivo a disseminação do conceito de responsabilidade social entre as empresas brasileiras. "Hoje há uma enorme pressão pela qualidade nas relações. Atingi-la ou não será um fator determinante para o sucesso nos negócios."[27]

Construir a ética virou uma exigência de mercado: a mão invisível cobra mais responsabilidade social das empresas. O que isso significa em termos de comportamento e de opções na conduta dos negócios?

---

[27] VASSALO, Claudia, Por que a responsabilidade social deixou de ser uma opção e virou motivo de sobrevivência para as empresas, *Guia Exame de Boa Cidadania Corporativa,* parte integrante da *Exame,* 34 (728): 9, 29 de novembro 2000.

"Uma empresa ética, em última análise, deve ser a que coloca sua responsabilidade social e transparência acima de tudo, mesmo que isso a leve a diminuir os lucros num determinado momento", diz o sociólogo Ciro Torres, coordenador do projeto de balanço social das empresas do Ibase, Instituto Brasileiro de Análises Sociais e Econômicas. Isso quer dizer que empresários e executivos vão sair por aí travestidos de Madre Teresa de Calcutá ou de Dalai Lama? Não. Não há nada, absolutamente nada, que impeça, por exemplo, uma empresa, considerada responsável, de fazer demissões. Muitas vezes elas são inevitáveis. A questão é o modo como essa medida será conduzida."[28]

Mais adiante, aparece porém a finalidade de todo esse movimento:

"No Brasil corporativo opções como essas estão se tornando cada vez mais frequentes. Não por simples benemerência. Mas principalmente pela necessidade de perpetuar marcas, de atrair os melhores talentos, de conquistar um consumidor mais e mais seletivo e, sobretudo, de colocar em prática certos valores".[29]

Parece que, nesse mundo de tanta competitividade, o bem não pode ser feito simplesmente porque é bom para todos que seja feito assim! Sempre é preciso insistir que a finalidade última é o próprio desenvolvimento das empresas que acaba sendo o único horizonte possível para motivar as pessoas a fazerem o bem. O mundo parece não oferecer outras dimensões. Dá para aguentar?

O TALENTO

O recado é dado. Não entrando neste ritmo de transformação, corre-se o risco de ficar obsoleto: não se trata de

---

[28] Ibid., p. 10.
[29] Ibid., p. 11.

analisar a finalidade e as consequências das mudanças que estão ocorrendo, mas sim de saber se as pessoas vão comprometer-se a mudar. Todavia, a questão mais vital para as empresas é que as pessoas comprometidas tenham talento. Queremos entender melhor o que significa ter talento para, num segundo momento, entender melhor o que é comprometimento.

> "Qual a questão mais vital para as empresas hoje? Capital? Estratégia? Produtos inovadores? Tecnologia de ponta? São, todos eles, itens poderosos. Mas subitamente perdem a intensidade e a força quando confrontados com outro tópico: o talento. Nada é tão vital na agenda das empresas, hoje, como o talento. Porque sem talento o resto – capital, estratégia, produtos inovadores e o que mais se queira – simplesmente não se consegue. Ou se consegue apenas em doses insuficientes para estes ásperos e perigosos tempos de competição exacerbada".[30]

Talento tem a ver principalmente com a capacidade de solucionar os problemas que impedem as transformações necessárias. Para isto, duas habilidades parecem fundamentais: ter visão e ter capacidade de tomar decisões, mesmo que sejam dolorosas.

> "Decisões grandes e dolorosas: são elas, na verdade, as únicas capazes de trazer aquelas transformações efetivamente vitais para as empresas empenhadas em melhorar sempre. É por aí, na capacidade de fazer as mudanças acontecer, que começam a se diferenciar os profissionais com desempenho excepcional daqueles que são simplesmente bons. Quantos executivos têm a competência e a visão para identificar corretamente as modificações – de

---

[30] BLECHER, Nelson, O fator humano, as empresas precisam desesperadamente de gente de primeira para sobreviver e prosperar. Mas onde encontrar essa gente? Bem-vindo à Guerra do Talento, que deverá selar o sucesso ou o fiasco das corporações, *Exame*, 32 (668): 105, 12 de agosto 1998.

estratégia, de objetivos, de processos, de mentalidade – que precisam ser feitas dentro da empresa? E quantos são realmente capazes de tomar as decisões necessárias para colocar, com sucesso, tais mudanças em prática? Poucos. São esses poucos, justamente, os profissionais que se pode descrever como imprescindíveis."[31]

O profissional que faz as mudanças acontecerem diferencia-se por algumas características: a capacidade de tomar decisões grandes e dolorosas e a visão para identificar corretamente as modificações que precisam ser feitas para que as empresas possam inserir-se na competição global. Essas modificações devem ser feitas numa determinada ordem: primeiro as estratégias que devem adequar-se ao novo momento de competição. Segundo, os objetivos que permitirão concretizar as estratégias adotadas. Terceiro, os processos operacionais e gerenciais que permitirão atingir os objetivos fixados. Finalmente, as mentalidades: as pessoas terão de moldar-se ou ser moldadas para poderem desempenhar o papel a elas atribuído nessa dinâmica empresarial. Decisões dolorosas terão de ser tomadas: quem é capaz de sentir dor? Obviamente, as pessoas.

SER INDISPENSÁVEL

"Tornar-se indispensável – e essa é possivelmente a questão profissional mais importante que um executivo tem diante de si hoje em dia – exige bem mais do que circunstâncias favoráveis. O essencial, mesmo, é um conjunto de qualidades e talentos específicos que podem ser sintetizados em algo muito preciso: a capacidade de fazer o que outros não sabem, não querem ou não podem

---

[31] BERNARDI, Maria Amália, Você tem que fazer chover, para resumir a questão: ou você é um executivo que faz diferença ou você está frito, *Exame*, 31 (656): 35, 25 de fevereiro 1998.

fazer. Não se trata apenas de fazer o que deve ser feito pelo manual de boas práticas. Mais precisamente, o primeiro item daquele rol de qualidades e talentos mostra que tende a ser indispensável, hoje, quem é capaz de executar as decisões-chave de mudança. 'A qualidade mais importante num executivo para os próximos 10 anos, pelo menos, não será seu gênio para o marketing, ou seu talento tecnológico, ou qualquer outro tipo de conhecimento funcional', dizem os consultores Adrian Slywotzky e David Morrison, da Management Decisions, de Boston. 'O essencial será sua disposição para tomar decisões grandes e dolorosas'".[32]

Tornar-se indispensável é a questão profissional mais importante que o executivo enfrenta porque, se não for indispensável, pode ser dispensado? Sem dúvida, este é um ponto de reflexão que qualquer leitor assíduo da revista vai considerar. O conjunto de qualidades e de talentos necessários para tornar-se indispensável é muito preciso: a capacidade de fazer o que os outros não sabem, não querem ou não podem fazer, e tomar as decisões-chaves da mudança que são grandes e dolorosas.

> "Hoje em dia, de fato, executivos vêm se transformando cada vez mais em *commodities,* como uma matéria-prima que pode ser adquirida a qualquer momento, em qualquer lugar, eventualmente a preço mais baixo. Mas aqueles poucos profissionais com real talento para tomar as decisões certas e difíceis estão numa categoria à parte – são indispensáveis, sim, pelo menos em empresas de primeira classe."[33]

A diferença entre o executivo-commodity e o executivo de primeira classe está na capacidade do segundo de tomar decisões certas e difíceis. Aqui é criada a distinção entre os

---

[32] Ibid., p. 34.
[33] Ibid., p. 35.

perfeitos e os não perfeitos: os que são descartáveis e os imprescindíveis. Não são critérios de integridade ou de talento pessoais, psicológicos do executivo que vão decidir de sua inclusão numa ou noutra classe: é sua capacidade de fazer entrar o dinheiro na empresa:

> "Mas como chegar lá? O passo inicial é, em geral, mudar de atitude – e eis, desde sempre, uma das maiores dificuldades com que o ser humano se defronta. 'Mudança de hábito é sempre difícil, no escritório ou fora dele', diz Motomura. Mas agora simplesmente não existe alternativa. É mudar de atitude – e buscar ser um executivo que faça acontecer, como diz Motomura – ou se autocondenar ao limbo corporativo. Para o executivo Clemente Nóbrega, autor de *Em Busca da Empresa Quântica*, o executivo que faz diferença tem uma virtude audível. Ele produz aquele 'plim-plim' que é o som do dinheiro que entra na empresa".[34]

As decisões dolorosas seriam aquelas que removeriam todos os obstáculos à entrada do dinheiro na empresa? Pelo que podemos entender, a virtude que faz diferença no executivo é a virtude audível: fazer ressoar o som do dinheiro. O preço a pagar para quem se torna indispensável e consegue chegar ao topo da organização é a sensação de solidão no exercício do poder.

> "Apesar das mudanças culturais, da humanização da administração, do *empowerment* e da reengenharia, o olimpo das empresas continua um lugar frio e solitário."[35]

O talento e a competição deixam no olimpo frio e solitário os executivos que aceitam o jogo. O importante é continuar comprometido com o processo.

---

[34] Ibid., p. 36.
[35] GOMES, Maria Tereza, Eu, eu e eu, o poder é solitário? É. Mas como preencher esse vazio? *Exame*, 31 (648): 125, 6 de novembro 1997.

AUTOCONHECIMENTO, CAPACIDADE, COMPROMETIMENTO

Um dos primeiros compromissos do executivo é com o autoconhecimento para rever constantemente seu desempenho, fugir da repetição e acrescentar sempre algo novo e atualizar-se. A capacidade intelectual do indivíduo faz parte das competências que a empresa espera dele. Embora a empresa possa contribuir para o aprimoramento de seus executivos, espera que eles assumam a maior parte da tarefa sem que isso prejudique sua atividade e suas responsabilidades.

"'É extremamente importante que o executivo faça, de tempos em tempos, uma autoavaliação realista de seu desempenho profissional para permanecer na rota certa', diz Neszlinger, da Microsoft. Mas essa autoavaliação tem que ser realmente honesta, sobretudo para quem desconfia que pode estar deixando a desejar. (...) 'A obsolescência do conhecimento é muito rápida hoje em dia', diz Mauro, da Booz-Allen. Ou seja, se a função do executivo o obriga a repetir-se no trabalho, é bom que ele trate de aprender outras coisas, pois a qualquer momento aquilo que faz pode cair em desuso. Da mesma forma, o cargo exercido pelo executivo pode tornar-se obsoleto. Por isso é tão importante adquirir novos conhecimentos. 'Hoje o que o empregado tem para vender é sua capacidade intelectual', diz Mauro."[36]

O importante é permanecer na rota certa: a que é fixada pela empresa. A autoavaliação deve ser realista e honesta, principalmente quando algo deixa a desejar. Em nenhum momento a autoavaliação está sendo mostrada como de mão dupla. O executivo deve autoavaliar-se mas não consta que possa avaliar a empresa. O que se deve evitar a todo custo é a obsolescência. Deve-se notar que o executivo repete-se

---

[36] BERNARDI, Maria Amália, Seu emprego está seguro? Bem-vindos, senhores executivos, ao império da incerteza, *Exame*, 30 (610): 27, 22 de maio 96.

no trabalho por causa da função que ele ocupa, que lhe foi atribuída pela empresa e que deve desempenhar com excelência para poder manter-se no cargo. Contudo, a empresa em determinado momento pode extinguir o cargo, a função e, portanto, o emprego, e quem não fez nada para aprender outra coisa só poderá culpar a si mesmo. Não vale a desculpa de que não teve tempo porque estava absorvido pela dedicação à empresa bem além das oito horas previstas por lei... A dedicação não é uma mercadoria vendável. O que se vende é a capacidade intelectual que se torna um bem de consumo para as empresas. A capacidade intelectual é vista como a capacidade de adquirir novos conhecimentos que sejam úteis para as empresas. Não consta que faça parte desta capacidade intelectual o discernimento que levaria o executivo a uma visão crítica dos rumos que a sociedade está tomando a partir de uma exacerbação da competição econômica global.

Para as empresas, então, o executivo deve transformar-se num ser iluminado que tem ideias originais e brilhantes, luz própria, vida própria e pensamento próprio:

> "Conclusão: o executivo que tem luz própria para pensar, por si só, diante dessa ou daquela situação, tende a levar vantagem sobre o colega que (...) sabe apenas aplicar regras.(...) 'Só quem é capaz de pensar com clareza e originalidade consegue olhar as tendências de mudanças e ter uma dessas sacadas que levam a empresa para a frente ou para trás', afirma Oscar Motomura, diretor geral da Amana-Key em São Paulo".[37]

Será que o executivo deve abrir mão do comando para se tornar o catalisador do conhecimento? Instado a renunciar ao papel de aplicador e controlador da aplicação de regras e normas, o executivo deveria dedicar-se a analisar os cenários

---

[37] BERNARDI, Maria Amália, Você vai dar certo ?, *Exame*, 30 (618): 68, 11 de setembro 1996.

de mudança e a pensar com clareza e originalidade para achar soluções inéditas para os problemas. Este é o executivo que leva vantagem sobre os colegas. Neste momento, não se considera que o executivo que "sabe apenas aplicar regras" pode ser responsável pelo andamento do maior número de tarefas e ações que permitem à empresa desempenhar suas principais finalidades nem que muitas sacadas, que poderiam levar a empresa para trás, podem colidir com uma outra qualidade que a empresa preza muito e que se chama responsabilidade.

RELACIONAMENTO E LIDERANÇA

Não basta ao executivo capacidade para realizar e assumir riscos bem como ter visão de futuro e capacidade de planejamento, ser orientado para processos e resultados, ter habilidade em solucionar os problemas que impedem a empresa de ouvir aquela música que mais lhe agrada. Ele vive no meio de outras pessoas e deve aprender a eficácia também nos relacionamentos. Algumas virtudes, mais voltadas ao relacionamento, deverão ser aprendidas e assimiladas. O executivo de sucesso precisa saber lidar com pessoas! O ser ético e íntegro aparece no texto perto da visão de futuro e da capacidade de planejamento, parecendo ter sido incluído para constar: nenhum comentário adicional nos permite dizer neste momento o que significaria ser ético e integro. O restante da lista, pelo contrário, parece ameaçar a integridade do executivo, submetendo-o a algumas tensões que, no extremo, podem tornar-se contradições. Por exemplo, ser orientado por pessoas e resultados. Na vida prática, muitas escolhas excludentes devem ser feitas: basta acompanhar os movimentos contraditórios das bolsas de valores em relação às estatísticas de desemprego. Ter habilidade e flexibilidade em mudança, ser bom comunicador e articulador pode não conviver harmoniosamente com uma assertividade muito desenvolvida. Finalmente, até onde a integridade pode acomodar-se com a flexibilidade, principalmente quando essa flexibilidade é entendida como a capacidade de seguir as necessidades da empresa que, em determinados momentos, podem ser, elas mesmas, contraditórias?

Todavia, se este homem perfeito conseguir emergir e existir, ele corre um outro risco: o da arrogância.

> "Consultores alertam também que uma postura arrogante costuma tomar conta do chefe de primeira viagem. 'Ele começa a achar que está em posição superior e que manda nos outros', diz o consultor Marco Aurélio Ferreira Vianna, também do Instituto MVC. 'A partir daí pode cometer erros, pois o líder não é o que simplesmente manda, mas o que negocia desafios'".[38]

O executivo apresenta aqui uma outra virtude: conseguir ser seguido sem aparentar mandar. O segredo é negociar desafios: não se diz sobre quais bases esses desafios serão negociados nem qual é a base de troca. Pelo que precede, pode-se pensar com razoável certeza que quem não conseguir convencer-se da urgência e da importância do desafio não merece ter lugar na organização empresarial. Aqui aparece bem o que é ter o poder de comunicação e de articulação citados acima: o executivo deve convencer sem demonstrar a autoridade de um chefe e, portanto, dividindo e diluindo responsabilidades. Esta é a novidade trazida pelo conceito de liderança quando contraposto ao antigo conceito de chefia:

> "Mas atenção: evite a mesmice e a repetição mecânica de velhos métodos. 'O novo chefe tem de tomar cuidado para não ser engolido pela cultura da empresa e acabar repetindo métodos dos antigos chefes que ele próprio discordava', diz o consultor Antonio Andrade. 'Quem não procura quebrar paradigmas submerge'".[39]

---

[38] JARDIM, Lauro, Virei chefe, e agora? As agruras dos marinheiros de primeira viagem no comando de uma equipe, *Exame*, 31 (630): 104, 26 de fevereiro 1997.
[39] Ibid.

Parece difícil não ser engolido pela cultura da empresa na medida em que ela dita o projeto, os objetivos e as metas de resultado; na maioria das vezes, os processos operacionais são claramente definidos, assim como a tecnologia a ser usada e o executivo não tem quase espaço nenhum para influir nas políticas de recursos humanos da companhia. Quais são os paradigmas que ele vai poder quebrar para não submergir?

CAPÍTULO 2

ENTREGA TOTAL, PRECARIEDADE E... OUTROS DRAMAS EXISTENCIAIS

A ENTREGA TOTAL

Essa entrega total começa com a dedicação do tempo:

> "Um número considerável de executivos se submete regularmente a jornadas de 10, 12, 14 e até 16 horas de trabalho por dia, consequência de um ambiente profissional cada vez mais competitivo. Como sobreviver a isso? Ninguém está dizendo que é fácil, mas é possível – sobretudo quando não dá para escolher outro ritmo.(...) Os executivos entrevistados apenas mostram que é necessária uma boa dose de disciplina também para conviver melhor com o fato de trabalhar muito."[1]

O executivo precisa saber, aceitar e conviver com o fato de que o dia dele está dedicado à empresa e que, portanto, ele deve adquirir a disciplina e encontrar meios para poder conviver com isso: nunca questionar o modelo porque este é o ritmo de vida de quem quer ser bem sucedido: não é a exceção. Está claro que é ditado pela necessidade da competição. Algumas empresas chegaram, porém, à conclusão que "felici-

---

[1] BERNARDI, Maria Amália, Manter a pilha acesa, eis a questão!, *Exame*, 26 (568): 104 21 de outubro 1994.

dade é sinônimo de produtividade"[2] e que, com benevolência, podem facilitar as coisas a seus executivos, permitindo uma jornada de trabalho com horários flexíveis. Não se deve porém perder o foco, sob pena de ter uma vida que nem é vida:

> "Mas e a carreira? Para um executivo, tão importante quanto tudo o que já se disse até agora nesta reportagem é a possibilidade real de ter êxito dentro da empresa. Qualidade de vida sem bons salários, oportunidades, promoções nem é qualidade nem é vida. É mera abstração. Aprimoramento profissional, aí, é um ponto-chave. (...) De que a preocupação com a qualidade de vida dos funcionários tem vínculos estreitos com a produtividade, há estudos nos Estados Unidos que, como as grandes fotos, valem por mil palavras. (...) O que se esconde por trás de tudo é uma obviedade ululante durante tanto tempo olimpicamente ignorada pela comunidade de negócios: felicidade é eficiência. O funcionário feliz é mais produtivo que o funcionário infeliz".[3]

Tudo na vida do executivo deve concorrer para uma atitude que qualquer empresa vai cobrar de quem quer alcançar o sucesso: a disponibilidade total:

> "'Não existe ascensão sem disponibilidade', diz Lobão. 'E disponibilidade significa deixar de ser dono do próprio destino.' Segundo Lobão, dentro do mercado globalizado, esse dado se tornou importantíssimo. Ele nem titubeou quando soube que seria transferido do Rio de Janeiro para as Filipinas, há três anos. Esta, certamente, é uma das razões pelas quais foi promovido ao posto de presidente da Coca-Cola brasileira, há cerca de cinco meses".[4]

---

[2] Título da seguinte matéria: BERNARDI, Maria Amália, Felicidade é sinônimo de produtividade, *Exame*, 26 (559): 88-95, 8 de junho 1994.
[3] Idem, Felicidade é sinônimo de produtividade, *Exame*, 26 (559): 95, 8 de junho 1994.
[4] Idem, Maria Amália, Você vai dar certo?, *Exame*, 30 (618): 72, 11 de setembro 1996.

Não titubear quando surge a oportunidade: esta é a grande virtude do executivo globalizado que renuncia a ser dono do próprio destino para seguir a empresa para onde ela o envia! É a entrega total que pode ser bem recompensada. O estar sempre pronto, inclusive de malas prontas, para ser enviado não é pura passividade. Muito pelo contrário, é a demonstração concreta de uma atitude interior que seria a manifestação da realidade procurada incessantemente pelas empresas: a motivação de seus executivos. Ser motivado significa trabalhar com paixão:

> "Trabalhar com paixão – esta é a frase que melhor resume o algo mais que se procura nos executivos hoje", diz Marcus Baptista, diretor de RH da IBM. "A paixão pelo que se faz leva as pessoas a uma busca contínua pela maneira melhor, mais econômica e mais eficaz de resolver problemas e superar objetivos".[5]

O executivo deve, primeiro, superar-se para conseguir despertar em si mesmo, de modo voluntarista, a paixão que se traduz pelo desprendimento e pela dedicação aqui e agora. Esta dedicação consiste, de novo, na busca contínua das soluções criativas e inovadoras que permitem à empresa resolver os problemas, mas principalmente superar os objetivos que a própria empresa fixa em função do jogo de guerra implacável da competição global. Essa é uma busca de qualidade para achar a solução melhor, de produtividade para achar a solução mais eficaz e, principalmente, de resultados porque, mais uma vez, o que se quer é maximizar a rentabilidade. Como e onde canalizar esta paixão?

> "Primeiro mandamento: não pergunte tanto o que a empresa pode fazer por você, e sim o que você pode fazer por ela. Pode parecer piegas, mas não é. Não na vida real, na qual as empresas (e as pessoas, dentro delas, que podem

---

[5] Ibid., p. 65.

fazer sua carreira avançar ou não) têm cada vez menos paciência com gente que vive perguntando 'o que eu ganho com isso'. (...) As promoções passadas, os méritos de outros anos, a folha de serviços prestados, tudo isso é muito bom, mas não cria obrigações da empresa para com o executivo. O que conta mesmo é o que ele está fazendo agora."[6]

Este texto é extremamente forte. A empresa não tem paciência com quem não consegue ascender à forma de amor mais pura: a dedicação sem nenhum questionamento. Fica para o bom prazer da empresa se e como ela vai reconhecer a dedicação e recompensar: é uma nova versão do amor-agapé que o apóstolo São João não deve ter vislumbrado! A alegria do executivo consiste em ouvir o já conhecido som do dinheiro caindo no caixa dos acionistas que, por pura liberalidade, decidirão o quinhão que lhe é reservado. Embora o total desprendimento aqui e agora, sem condições prévias nem sempre signifique altas recompensas para o futuro, executivos bem-sucedidos são citados para dar ânimo na caminhada: o estilo é meio hagiográfico.

E se o executivo, apesar de tudo, reluta em aceitar esse estilo de vida que alguns consideram como a manifestação de propensão a viciar-se no trabalho? Como concretizar essa motivação para que a paixão desinteressada consiga transformar a busca da rentabilidade para o acionista em virtude e que o tempo extra, fora de contrato, que o executivo dedica à organização, seja considerado como fazendo parte da normalidade?

"'Não é preciso ser um viciado em trabalho para abraçar com prazer todos os extras que surgem, inevitavelmente, em qualquer empresa. Basta encará-los como oportunidades de autodesenvolvimento', afirma David Ivy, *headhunter* e vice-presidente da Korn/Ferry International."[7]

---

[6] Ibid., p. 66.
[7] Ibid., p. 66.

Está dada a resposta: faz parte do autodesenvolvimento do executivo participar dessa obra. É uma questão de percepção e de capacidade de encarar os fatos numa determinada ótica. Os extras que surgem inevitavelmente podem ser encarados com prazer porque significam oportunidades de autodesenvolvimento. O autodesenvolvimento, neste caso, significa o desenvolvimento das capacidades que a empresa necessita e preza para atingir seus objetivos. Os extras evidentemente significam, num dia que não pode exceder as vinte quatro horas, menos tempo em casa e com a família. Mas, e a família? Qual é seu lugar na vida do executivo? Como pode ela participar do crescimento do profissional e, indiretamente, da empresa?

A FAMÍLIA ENVOLVIDA NA COMPETIÇÃO

A família é mobilizada para a guerra: submete-se aos imperativos da competitividade. O lar vira um doce escritório, o que não é difícil com os avanços da informática. Os executivos devem viver sua vida familiar *em função* de pertença à empresa e do desenvolvimento de sua vida profissional.

> "O ponto de partida é reconhecer que há uma linha divisória entre trabalho e família. Mas essa linha, hoje, está se mexendo e há melhoras à vista. Para começar, um número crescente de empresas começa a perceber que o equilíbrio da vida familiar é importante, às vezes decisivo, para o desempenho do executivo. (...) A lógica é mais ou menos a seguinte: vida doméstica mais equilibrada, vida profissional mais produtiva. (...)"[8]

A vida pessoal e familiar deve ser considerada então em função do desempenho profissional para que o executivo se torne mais produtivo. Em sua clarividência e sabedoria, as

---

[8] BERNARDI, Maria Amália, Lar, doce escritório, *Exame*, 31 (627): 83-84, 15 de janeiro 1997

empresas vão investir no "equilíbrio familiar" de seus executivos, tão importante para obter ganhos de produtividade. As questões familiares são consideradas como estratégicas, desde que se trate da família de um executivo importante para a organização. Essa preocupação estratégica das empresas com a vida familiar de seus executivos parece consistir em desenhar estratégias que, ao invés de proporcionar a seu executivo o merecido descanso junto à família, permitam trazer o trabalho para o próprio espaço familiar:

> "'Mais cedo ou mais tarde os funcionários têm de cuidar dos filhos pequenos ou dos pais velhos', diz a gerente Carmen Peres. 'Colocá-los diante de um dilema que por falta de flexibilidade os fizesse se desligar da empresa não é o que nos interessa.' A Dow pretende estender melhorias a todos os funcionários. Em 1996, a título de comemorar seus 40 anos, presenteou com 1.000 reais cada um de seus 1.400 empregados no Brasil. A condição? Que comprassem um computador para suas casas. 'Eles ficam mais preparados para o mundo atual e, caso tenham trabalho extra, podem fazê-lo perto da família', diz o diretor de RH Maionchi".[9]

O executivo recebe então mil reais para comprar um computador e poder trabalhar em casa: nem na época nem hoje esta quantia dava para comprar um computador equipado para poder trabalhar em casa. Desse "presente", o executivo ainda paga uma parte para poder dividir a alegria do trabalho em casa com a família. A conclusão de tudo isso é óbvia:

> "O avanço rumo a medidas que facilitem a harmonia entre trabalho e família parece irreversível. Por uma razão poderosa: ele não se vincula ao bom-mocismo desta ou daquela empresa, mas à busca de maior eficiência. Melhorar a vida familiar dos funcionários não é filantropia.

---

[9] Ibid., p. 90.

É um instrumento de gestão, uma semente de vantagens competitivas".[10]

A família como semente de vantagens competitivas: este é seu papel! É claramente assumido que nada disso tem a ver com bom-mocismo. Mais uma vez, estamos no terreno da eficiência e da competitividade. Quem chegou a esse estágio pode olhar o caminho percorrido. Está totalmente dedicado à empresa. É responsável, inovador, toma iniciativas e tem luz própria. Conseguiu inclusive equacionar estrategicamente o problema da família e ajudou a empresa pagando parte do equipamento que lhe permite continuar a seu serviço em casa. Provavelmente, esse executivo pode sentir-se satisfeito e abençoado pelo valor agregado aos acionistas!

Mas será possível ser um bom executivo e um bom pai? A partir das entrevistas e da pesquisa, a *Exame*[11]

> "... colheu uma série de histórias de pessoas que, de maneira engenhosa e variada, conseguiram encurtar a distância que costuma separar pais ocupados e seus filhos. Em todos os casos colhidos, tal aproximação, e este é um ponto vital, ocorreu sem prejuízo para a carreira".[12]

Isto é possível porque não existem pais perfeitos: o que interessa é que o pai esteja atento a não diminuir os filhos, respeite a posição deles e estabeleça uma linha de comunicação. Segundo um psiquiatra citado pela autora da matéria, já está ótimo! Assim, já que é inútil pensar que possa existir sucesso profissional com pouco tempo físico de trabalho durante os longos anos de ascensão na carreira,

---

[10] Ibid., p. 91.
[11] BERNARDI, Maria Amália, Executivo nota 10. Mas como pai..., *Exame*, 26 (572): 107-113, 7 de dezembro 1994. A Carta do Editor da mesma edição, na página 7, endossa a matéria, indicando que a autora, mãe corujíssima, sabe como é difícil conciliar trabalho e casa.
[12] Ibid., p. 108.

que esse tempo é subtraído da família e que não se pode ter relacionamento perfeito com os filhos quando se trabalha doze horas por dia, a conclusão da matéria é:

> "Em vez de buscar fórmulas mágicas ou de encontrar, no trabalho ou em casa, desculpas para justificar um desempenho sofrível como pai ou como profissional, o que vale é fazer sinceramente o possível. Repita-se, para conforto geral, a seguinte frase do psiquiatra Roig: não existem pais perfeitos. (...) Buscar a perfeição pode ser enlouquecedor – tanto para os pais como para os filhos. Mas se pode, com humildade, oferecer combate às imperfeições".[13]

Para as mulheres, existe um possível problema adicional: a gravidez!

> "Depois de sair da maternidade, passada a euforia dos primeiros dias ao lado do bebê, a mãe executiva quase que invariavelmente começa a angustiar-se diante do futuro. A incerteza diante do que poderá acontecer com sua carreira quando voltar ao trabalho é o maior fator de preocupação."[14]

Na conclusão, a autora da matéria cita uma executiva que teve de deixar os dois filhos pequenos para viajar uma semana a serviço, não pensou duas vezes e foi embora como faria qualquer executivo:

> "As pessoas me perguntam como eu tenho coragem de deixar meus filhos aqui e viajar. Eu respondo que isso faz parte de meu trabalho e de minha vida".[15]

E os romances que podem acontecer entre funcionários de uma mesma empresa. O que pensar?

---

[13] Ibid., p. 113.
[14] SGANZERLA, Valquíria, A cegonha chegou. E agora? *Exame,* 28 (593): 108, 27 setembro 1995.
[15] Ibid., p. 110.

"'Não é o caso de julgar aqui se é certo ou errado iniciar e manter romances no escritório. A realidade é que eles acontecem e vão continuar existindo, queira ou não o mundo é corporativo. (...) A grande discussão deve ser o poder e o mau uso que dele se pode fazer', diz Luciano Colella, analista junguiano em São Paulo. Não é preciso ler as peças de Sófocles ou Shakespeare ou os escritos de Freud para saber que sexo e poder, de alguma forma, andam juntos. Isso torna-se especialmente verdadeiro nas empresas marcadas pela relação entre chefe e subordinado. Nelas, o sexo pode se transformar num excepcional instrumento para a obtenção do poder. O poder aparece como um dos atalhos mais curtos para chegar ao sexo. 'Essa confusão realmente existe e é bastante comum', disse à *Exame* a socióloga australiana Judy Wajcman, professora da prestigiada London School of Economics e autora do livro *Managing Like a Man: Women and Men in Corporate Management* (Gerenciando como um Homem: Mulheres e Homens na Administração Corporativa). 'Em muitos casos, relacionar-se no trabalho pode tornar-se uma situação bastante perigosa.' Perigosa para quem? Talvez a melhor resposta seja: para todo o mundo. Para o clima nas relações de trabalho, para os resultados da empresa, para a carreira dos envolvidos."[16]

No que diz respeito à vida familiar e afetiva dos executivos, não parece ter dúvidas quanto ao caminho a seguir em caso de conflitos entre estas e a vida profissional: deve-se privilegiar a vida profissional.

A LEALDADE E SEUS LIMITES

Falta ainda um aspecto a ser indagado: como esse executivo, líder, articulador, competitivo e negociador se relaciona com a organização empresarial? Se ele nunca pode ter certeza

---

[16] VASSALO, Claudia, Sexo e poder nas empresas, *Exame*, 34 (725): 134-135, 18 de outubro 2000.

quanto a seu lugar e a seu futuro na empresa, onde encontrará razões para uma relação de fidelidade para com ela? Qual é o tipo de pacto que pode ser negociado para servir de base a uma lealdade recíproca?

> "No ambiente de trabalho de hoje a velha história da lealdade que o funcionário tinha de ter com a empresa foi para o espaço. Morto e sepultado está o tempo em que as empresas ofereciam a seus empregados a garantia de uma carreira até a aposentadoria – e em troca tinham deles fidelidade também até a aposentadoria. Reestruturações, reengenharias, *downsizings, rightsizings* – todos esses nomes, no fundo, são sinônimos sofisticados de uma única coisa: corte de custos, a começar por gente. Poucas empresas no Brasil e no mundo conseguiram manter-se à margem disso nos últimos anos. De acordo com um artigo recente publicado no *Wall Street Journal*, a maioria das 500 maiores empresas americanas listadas anualmente na revista *Fortune* está sofrendo os efeitos da chamada 'síndrome dos sobreviventes de demissões', na qual a desconfiança e a ansiedade substituem os sentimentos de lealdade e segurança."[17]

Hoje, as coisas mudaram e a velha história da lealdade foi para o espaço; morto e sepultado está o tempo do emprego seguro até a aposentadoria. O momento é de cortar custos, a começar por gente. Este é o novo ambiente empresarial fruto do novo ambiente econômico competitivo. São afirmações que não precisam ser demonstradas pelo autor porque ele sabe que quem desenvolve uma carreira de executivo conhece as regras do jogo. A guerra é para valer e a lucidez deve ser total. Mais uma vez, não está em discussão a validade ou não do modelo: trata-se simplesmente de uma constatação, amparada numa pesquisa conduzida por ninguém menos

---

[17] BERNARDI, Maria Amália, O capital humano, reter e atrair talentos tornou--se uma questão de vida ou morte para as empresas, *Exame*, 31 (647): 123, 22 de outubro 1997.

do que o *Wall Street Journal*, onde aparece que as empresas sofrem da síndrome dos sobreviventes de demissão. Parece que estamos num mundo empresarial doente conduzido pela obsessão dos custos a serem cortados. Não importa se, por causa disso, daqui para a frente, o clima organizacional será de desconfiança e ansiedade em vez de lealdade e segurança. Não se pode deixar de ficar impressionado com a frieza e a resignação diante de um estado de fato que pode significar a entrada das empresas e de seus executivos numa patologia aceita voluntariamente e com algumas consequências imprevisíveis e outras mais previsíveis. Entre as consequências mais previsíveis está a quebra de lealdade do empregado, por mais que ele seja amedrontado pela falta de outras alternativas ou convencido da grandeza do desafio diante do caráter inelutável da competitividade global e dos sacrifícios exigidos de todos, incluindo ele mesmo!

> "O outro lado dessa moeda é que também a lealdade do empregado em relação à empresa deixou de existir – ao menos em seu modelo tradicional. 'Hoje em dia, todas as organizações dizem que as pessoas são seu maior ativo, mas poucas praticam o que pregam e um número ainda menor acredita realmente nisso', afirma Peter Drucker, talvez a maior autoridade mundial em administração."[18]

Com a chancela de Peter Drucker, é impossível negar que estamos diante de um problema que ele mesmo não teme definir como falta de coerência entre o discurso e a prática das empresas. As pessoas, por serem o maior ativo da organização, seriam então seu custo mais alto? Não, não é um problema econômico: é incoerência porque poucas empresas (leia-se os dirigentes dela) acreditam no que elas mesmas estão falando. Quando a maior autoridade mundial em administração afirma isto, em citação feita pela maior revista de negócios do

---

[18] Ibid., p. 123-124.

Brasil, é difícil não acreditar! Mais ainda, segundo ele, as pessoas que ouvem o discurso não acreditam nele, o que pode significar a aceitação do cinismo e do faz de conta. Como um profissional pode permanecer motivado num ambiente tão marcado pela precariedade e insegurança?

> "Uma pesquisa realizada pelo headhunter Antonio Carlos Cabrera, da PMC Amrop International, pode dar algumas pistas dos novos vínculos que ligam os profissionais às empresas. Cabrera entrevistou 61 executivos e fez a eles a mesma pergunta: por que você trabalha nessa empresa? A oferta de desafios foi a resposta predominante. Não precisa ser desafio de crescimento. Às vezes, é apenas uma meta ambiciosa de participação de mercado, de lucratividade ou o projeto de um novo produto ou serviço. 'As pessoas querem ser desafiadas, pois é assim que se julgam importantes, se sentem seguras mesmo que a empresa não ofereça segurança', diz Cabrera."[19]

A sede dos desafios parece ser o único motivador para a superação, mas numa dimensão sempre narcisista do "pensa em ti mesmo". Já foi superado o estágio em que os profissionais procuravam uma empresa com o propósito de estabelecer um pacto de crescimento mútuo. Hoje, o desafio seria simplesmente trabalhar num projeto que faça a pessoa sentir-se segura. É inevitável indagar se os executivos que responderam à pergunta pensaram nas implicações reais do que estavam dizendo ou se acabaram repetindo conceitos que estão constantemente veiculados na mídia empresarial e nas reuniões gerenciais. Atendo-se ao texto, porém, a consciência racional de um projeto comum que possa trazer benefícios consistentes para as duas partes foi substituído pela fé na própria importância dada pela participação na busca de uma meta ambiciosa que trará maior lucratividade à empresa; em

---

[19] Ibid., p. 130.

troca sequer se pede que ela se comprometa com a segurança e o futuro de quem trabalha para ela com tanto afinco!

Depois desse retrato, surge uma pergunta: quais são as consequências existenciais para o executivo que aceita submeter-se a esse processo de transformação para ser agente transformador das empresas?

HYBRIS... E MORTE?

Essa luta e esse sacrifício podem trazer suas compensações. O sucesso reconhecido pelos pares, pelos chefes, pelos subordinados e pela mídia, é o paraíso almejado por quem escolhe esse reconhecimento pela diferença. Ser melhor do que os outros gera uma sensação de invulnerabilidade, outro nome da *hybris*.

> "A crença na própria invulnerabilidade – 'isso não vai acontecer comigo' – leva o executivo a achar que ele está acima dessas coisas pequenas, comuns aos mortais. Afinal, ele é o tal que gera milhões de lucro, negocia empresas, comanda centenas de pessoas. É temido, venerado, invejado. Por isso mesmo, muitas vezes comete o erro – em geral fatal – de demorar a perceber que a morte está rondando, que tem gente querendo ocupar seu lugar. Quando se dá conta, o estado terminal já se instalou."[20]

O que pode acontecer de pior para o executivo é demorar a perceber que tem gente querendo ocupar seu lugar. Esta é a morte que está rondando no mundo competitivo. Já tivemos oportunidade de observar que sentimentos humanitários não são aconselháveis neste jogo de guerra. Portanto, não poden-

---

[20] GOMES, Maria Tereza, Afinal, há vida depois da morte? Se o defunto for a carreira, há, sim. Os sobreviventes estão aí para provar. Ainda que tenham feito um estágio no purgatório, *Exame*, 30 (623): 144, 20 de novembro 96.

do contar com eles, a única defesa contra a morte é a eterna vigilância! É o preço a ser pago por ser temido, venerado e invejado. Contudo, se a eterna vigilância esmorecer, o estado terminal já se instalou e a morte, como sempre implacável, leva a termo sua obra. Por enquanto, trata-se de uma morte não física nem cívica, mas corporativa: a exclusão do sistema. Essa morte nem sempre é definitiva porque alguns voltaram do inferno com muita raiva: esta raiva foi causa de sua ressurreição.

"É a raiva, na verdade, o combustível que abastece os executivos que ressuscitaram de uma experiência dessa. (...) Eles se enraivecem com a desconsideração com que foram enterrados, com o esquecimento de antigos amigos e, principalmente, porque agora precisam pagar a conta do restaurante (o *corporate card* nunca acompanha os mortos). (...) 'Grande parte do sofrimento vem da esperança de ser o eleito', diz o psiquiatra Figueiró. 'Isso é narcisismo.' Figueiró recomenda um exercício prático para quem deseja tomar pé da realidade. Pegue um papel e escreva o nome das pessoas que vão sentir sua morte, aquelas que vão chorar, sofrer de verdade. 'Você verá que a maioria absoluta da humanidade ignora que você existe', diz Figueiró. Portanto, cuidado. O único a chorar pode ser você mesmo".[21]

Realmente, é impressionante perceber a força da linguagem e o quanto é trágica a realidade que essa linguagem tenta traduzir. Estamos falando do que se costumava chamar de fins últimos, mesmo que em termos analógicos. A única saída, a única possibilidade de sobrevida é oferecida pela raiva. Parece ser o reconhecimento da impotência total frente à solidão que foi construída dia após dia. É também a reação infantil de quem perdeu a partida e acha que ainda pode voltar a brincar mais solitário do que nunca porque perdeu os que ainda teimava considerar amigos. Essa raiva, porém, pode deixar lugar

---

[21] Ibid., p. 145.

muito rapidamente para a depressão e o abatimento porque nenhuma esperança de ressurreição é garantida. Cada um por si! É a regra. Mesmo na hora de chorar, é a solidão. Às vezes a descida aos infernos não permanece na metáfora. A viagem pode encontrar seu desfecho na autodestruição total.

"Sim, seres humanos bem posicionados profissional e financeiramente também acabam com a própria vida. Mas há uma diferença fundamental entre executivos que se suicidam e homens e mulheres de outras profissões que se suicidam: dois terços das pessoas que se matam sinalizam suas intenções de alguma maneira. Deixam transparecer através de palavras, atitudes ou comportamentos que estão realmente mal. Executivos quase nunca fazem isso. 'A maioria dos homens não esconde sua fragilidade nos momentos difíceis e pede ajuda', diz o psiquiatra George Murphy, da Universidade de Washington. 'Mas um executivo não mostra fraqueza nunca.'" [22]

A solidão é absoluta: é melhor morrer sozinho do que deixar transparecer a própria fraqueza. A transformação foi tão radical que o executivo já não é mais um profissional comum, talvez nem mesmo um homem comum.

"Eis o ponto-chave da questão. Convencionou-se, sabe-se lá quando, que para cumprir seu papel o executivo tem que ser um homem forte. Além de corajoso, ousado, firme, seguro. Sem essas qualidades o sucesso, teoricamente, não pode ser alcançado. "E sucesso é o tipo da coisa que todos nós buscamos", diz, em São Paulo, o psicanalista Luciano Colella. Qual é a característica principal da função do executivo? 'A competição', continua Colella. 'A sociedade favorece a imagem do sucesso em forma de competição. E cobra isso do executivo.' Os problemas realmente começam a acontecer quando o executivo esquece que não é um super-homem."[23]

---

[22] BERNARDI, Maria Amália, Uma morte nos EUA levanta a questão: estariam os executivos mais suscetíveis ao suicídio?, *Exame* 30 (636): 97, 21 de maio 1997.
[23] Ibid.

Desta vez já não é mais a empresa que cobra do executivo a competição: é a própria sociedade, porque já consagrou, para o executivo, o modelo competitivo como realização do sonho de que todo ser humano tem de ser bem-sucedido. Nele as pessoas se reconhecem, mesmo não querendo esse modelo para si. Por ser um herói, não é de se estranhar que o executivo possa até suicidar-se na solidão, vítima da própria grandeza!

CAPÍTULO 3

NOVOS PROBLEMAS E NOVOS HORIZONTES

Principalmente depois do ano 1999, na revista *Você S/A*, embora continuemos encontrando matérias que retomam os temas tratados acima em perspectivas menos fundamentalistas, novas preocupações e novos critérios de realização aparecem.

VOCÊ É DO BEM?

Este é o título de uma matéria que representa uma das preocupações e dos novos valores que entram no horizonte do executivo dos anos 2000.[1] A chamada da matéria é interessante: ela convoca o executivo para a nova realidade da atuação social e altruísta, porém dentro do quadro habitual de referências; eis esta chamada:

> "ajudar os outros na medida de suas possibilidades não o torna apenas uma pessoa mais equilibrada e realizada. Fazer sua parte pode render muito para sua carreira".

Quando o profissional dá um pouco de si, ganha também indiretamente nessa relação. A matéria lista algumas habili-

---
[1] Retomamos o título de uma matéria da *Você S/A*, edição 30, ano 3, dezembro 2000, p. 25s

dades beneficiadas e aponta que o mercado valoriza a capacidade que uma pessoa tem de se envolver com o coletivo e de compartilhar tempo, dinheiro e conhecimento com quem está a sua volta. Oscar Motomura, consultor muito atento a estes aspectos, é citado: "o significado da vida consiste em servir os outros".

Esta matéria é extremamente interessante, por isso a analisamos um pouco mais detalhadamente porque, embora situados dentro do quadro de referências do executivo competitivo que já conhecemos bem, muitos conceitos do universo simplesmente humano reaparecem com... certas letras de nobreza! Assim, é considerado positivo observar que, lá fora, pessoas enfrentam situações que, por mais que se viva isolado no mundo da empresa, não se pode deixar de perceber. Vem sendo considerado como valor fundamental o serviço aos outros, o que pode ser esquecido quando se vive num ambiente de competição constante. A palavra "compartilhar" também reaparece. Esta "mudança de foco" é bem vista pelas empresas, o que significa que estamos fugindo do paradigma habitual e que a empresa aceita atividades que fogem de suas finalidades mais naturais e imediatas. Ela reconhece, então, que não pode fornecer toda a razão de viver e toda realização a seus executivos. O novo enfoque da motivação é resumido pelo consultor Pedro Mandelli citado na matéria:[2]

> "quando a empresa é seu depósito de esperança, ela assume sua motivação, quando você mesmo é o construtor de suas esperanças, a empresa é só um meio para que você atinja suas expectativas".

Esta tomada de consciência é importante para o executivo e também para a empresa para que o vínculo entre eles possa se fortalecer a partir de uma relação de troca que seja mais justa.

---

[2] *Você S/A* matéria da edição 13 do ano 1, julho 1999, p. 44 e seguintes.

A empresa dá mais um passo em sua salutar tomada de consciência em relação à própria impotência quando o assunto é motivação e realização humana e espiritual: ela tem bem pouco a oferecer em relação aos anseios de um ser humano que tem necessidades afetivas. Diz a matéria:

> "(as empresas) percebem que sucesso e dinheiro empilhando no banco proporcionam a seus funcionários satisfação temporária. E o que os motiva realmente é a realização de suas necessidades afetivas. Isso pode vir do exercício efetivo da cidadania e do ato de contribuir para algo mais".

Esta tomada de consciência pode vir a criar uma relação mais equilibrada entre a empresa e seus colaboradores: a empresa deixando cada um cuidar das próprias "necessidades afetivas". Na realidade, se trata muito mais do que isso: estamos falando da redescoberta pelo ser humano, que "está" executivo, do significado do serviço aos outros e da construção pelo exercício da cidadania de um lugar... habitável e bom para se viver!

Todavia, a obsessão pela competitividade nunca sai do horizonte! Além de preencher necessidades afetivas, continua a matéria, as empresas percebem que, servindo os outros, os colaboradores ganham vantagens competitivas. O valor do engajamento desponta porque os que entram neste foco de vida parecem ser mais produtivos, criativos em suas funções, ansiosos para assumir responsabilidades, efetivos no trabalho em grupo e mais saudáveis de mente, corpo e espírito. E dizer que um dia alguém pensou que o sucesso era fruto do egoísmo! A matéria indica claramente que as empresas percebem cada vez mais que os traços de funcionários produtivos coincidem com as características básicas da atividade voluntária. Mensagem entendida!

UMA TERCEIRA VIA?

A matéria "bata antes de entrar"[3] é consagrada aos executivos que querem atuar no terceiro setor, mostrando as características marcantes para atuar nesse campo: identificação com uma causa, capacidade de ir atrás de resultados coletivos, uma boa saúde emocional, uma formação multidisciplinar, uma boa capacidade de se relacionar e de negociar, um conhecimento aprofundado do terceiro setor (que tem características bem diferentes do mundo empresarial como tal), e uma ética que considera o trabalho como fundamentalmente voltado para a busca do bem comum. Para entrar no terceiro setor, é preciso evitar o amadorismo, treinar e se preparar adequadamente porque os critérios de atuação e de avaliação são diferentes: a cabeça e o coração não podem ser simplesmente voltados aos objetivos apontados por uma lógica de valor agregado ao acionista. As pessoas usam técnicas e ferramentas administrativas e financeiras semelhantes às usadas nas atividades do primeiro e segundo setor, procurando objetivos totalmente diferentes em ambientes diferentes onde a competição não é um fim, mas um meio de inspiração para encontrar soluções já testadas, e onde o dinheiro volta a ser um meio de troca para proporcionar soluções para problemas vitais e não um fim.

É de terceira via que fala Maria Tereza Gomes numa outra matéria da mesma edição[4] quando se refere ao dilema enfrentado por muitos executivos: ser feliz ou ganhar dinheiro? A solução que ela dá parece ser a mesma, mas na realidade é profundamente diferente do que muitos conselhos que temos encontrado durante essa reflexão. A terceira via é de ficar apaixonado pelo trabalho, mas fazendo

---

[3] *Você S/A* edição 50, especial de aniversário, ano 5, agosto 2002, p. 20s.
[4] Ibid., p. 43-44.

o que se gosta. Isto é um detalhe que faz toda diferença porque o que impede de gostar de um trabalho pode não se situar do lado do processo, da tarefa ou da rotina como se aponta muitas vezes. Pode ter a ver com as opções éticas da organização à qual se pertence.

Uma pesquisa feita na França mostra alguns aspectos interessantes que podem trazer alguma contribuição à descrição dessa tomada de consciência que pode gerar certa angústia em alguns executivos.[5] Os executivos interrogados levantam dois problemas éticos importantes que seriam "a recusa de participar de um projeto por razão de consciência" e "a decisão de revelar ao público informações confidenciais que dizem respeito à segurança dos consumidores ou da sociedade como um todo". Quando se aponta a necessidade de gostar do que se faz, se considera também os aspectos éticos e a possibilidade do que a autora da pesquisa chama de "direito de oposição". Aliás, ela constata que uma das grandes lacunas de praticamente todos os códigos de ética é não considerar a possibilidade de conflito entre a defesa dos interesses econômicos da empresa e o interesse público ou os conflitos morais pessoais de seus colaboradores.[6] Será que os códigos de ética de empresas fornecem alguma linha de conduta para seus executivos nesses casos, ou fingem acreditar que esse tipo de situação nunca se apresentará porque uma empresa, por definição, está acima desse tipo de suspeita....como o demonstram os casos da Enron, Vivendi, Parmalat etc... Esse tipo de situação e a total ausência de possibilidade de discuti-la dentro da própria empresa, pode levar uma pessoa eticamente normal a se desapaixonar por sua empresa e por seu trabalho.

---

[5] Karvar, Anousheh et Rouban, Luc (org.), *Les cadres au travail, les nouvelles règles du jeu*, Paris, La Découverte, 2004, no texto consagrado aos códigos de deontologia e ao direito de oposição de autoria de Christelle Didier.
[6] Coloquei "praticamente todos os códigos" para não arriscar ser injusto. Nos códigos que consultei até hoje, nunca vi esse problema sendo abordado.

EU MEREÇO MAIS... OS GUERREIROS ESTÃO FICANDO CANSADOS!

De novo tomamos emprestado o início do título de uma matéria da *Você S/A*,[7] "Estratégias para você em 2002", que pode ser lida em paralelo com uma anterior, porque alguns temas e reflexões estão em continuidade.[8] Temos os depoimentos de cinco gurus, extremamente reveladores em sua simplicidade, em sua profundidade e em sua clareza, que mostram que, talvez, alguns guerreiros começam a ficar cansados. Vou citar e comentar dois deles.

Max Gehringer proclama o que ele chama de direitos essenciais dos funcionários. São cinco artigos que vale a pena citar integralmente:[9]

1. todos os funcionários são dotados de razão e consciência.
2. a todo funcionário deve ser dada a liberdade de pensar e agir.
3. estar informado sobre a situação da empresa é um direito do funcionário.
4. todo funcionário deve ter seu trabalho e sua conduta avaliados e discutidos.
5. todo funcionário merece respeito, reconhecimento e carinho.

O segundo texto, de Gutemberg de Macedo tem um título revelador: "o que Deus tem a ver com isso".[10] Ele constata que apesar de todo o progresso empreendido, "a maioria das pessoas não está feliz com aquilo que é, que conquistou e, muito menos, com o que tem". Mesmo prestigiados, reconhecidos e bem remunerados, eles são amargurados e infelizes". Segundo o autor, "motivos "desprovidos de senti-

---

[7] Edição 62, de aniversário dos cinco anos da revista, agosto 2003.
[8] Edição 44, ano 5, fevereiro 2002, p. 24ss.
[9] Edição 62, de aniversário dos cinco anos da revista, agosto 2003, p. 76ss.
[10] Ibid., p. 80ss.

mentos superiores", sem a busca do bem comum levam a impasses. E ele continua:

> "os homens foram criados por Deus a fim de que sua vida tenha significado e valor. Portanto, quando a vida humana adquire sentido, podemos suportar todas as coisas, inclusive a perda da própria vida. Sem sentido e sem razão de viver, a vida se torna uma verdadeira estratégia".

Ele cita um testemunho que mostra o cansaço e o desânimo que acomete muitos executivos:

> "Ouvi recentemente o testemunho de um jovem executivo que lança luz sobre essa observação: 'eu me sinto um fracasso porque desejo me tornar alguém, porém não sei o quê. Tudo que sei é caminhar sem direção e foco. Algum dia, se eu puder e souber descobrir meu propósito de vida, certamente começarei a viver'".[11]

---

[11] Ibid., p. 81-82.

SINTETIZANDO...

Ao findar destes capítulos, podemos frisar as características do executivo perfeito.

– Quem trabalha numa empresa que quer participar da economia globalizada entra num jogo a cujas regras deve submeter-se. O executivo que não aceita essas regras é excluído do sistema. Essas regras não são ditadas nacionalmente: o executivo brasileiro deve submeter-se a um jogo que é global, conduzido principalmente pela economia dos Estados Unidos. A finalidade da ação e da vida do executivo é o crescimento de sua organização: todas as suas forças devem ser orientadas para esse objetivo.

– O modelo gerencial que deve inspirar o executivo disposto a entrar nesse jogo não é brasileiro. Vimos que é um modelo que se apresenta como universal, apesar de claramente inspirado pelas empresas americanas. Os valores e os comportamentos devem ser assimilados para não ficar no caminho. É uma questão de empregabilidade.

– Além de suas competências técnicas, o executivo deve ser uma pessoa com dedicação absoluta ao trabalho, aceitando jornadas de trabalho estressantes e renunciando a estabelecer fronteiras entre sua vida pessoal e profissional: a empresa tem direito de invadir seu lar; ele deve ser um profissional perfeito ao passo que deve tentar ser um bom pai, dentro do possível. Quanto a seu lazer, deve ser escolhido e vivido de modo a permitir-lhe recarregar as energias e estar sempre em plena forma para atender a empresa porque o melhor caminho para a própria realização pessoal, que é antes de tudo profissional, é uma dedicação integral e apaixonada à empresa onde trabalha. Deve tornar-se indispensável, não ter medo de eliminar todos os obstáculos, mesmo que sejam colegas, porque está imerso num jogo cujo nome é competição e competição de vida ou morte.

– O executivo pode enfrentar um dilema ético despertado por essa hipercompetição: fazer tudo o que é necessário para vencer pode não ser simpático e pode estragar sua imagem. Afinal, agressividade, ambição desmedida e opção preferencial para si próprio podem causar alguns problemas de relacionamento! O profissional deve ir em frente porque o fato de desejar estas coisas não está errado desde que se saiba dissimular esse tipo de desejos. Portanto, não se discute se a o egoísmo é saudável humanamente ou eticamente nem os estragos que ele pode causar nos relacionamentos pessoais e profissionais, por exemplo dificultando todo projeto sério de cooperação. Só se questiona os danos de imagem e de comunicação. Enquanto os consumidores, as pessoas talentosas e o mercado não tiverem objeções, não existe problema ético. A consciência ética é um fator exógeno como diriam os economistas! Tal atitude causa algumas contradições, principalmente no quesito lealdade: a revista mostra um executivo cuja empregabilidade tem como pilar a lealdade à empresa, mas que, ao mesmo tempo, deve abandonar os laços de lealdade e adotar o profissionalismo para poder efetuar a travessia entre o velho e o novo modelo. Mesma dificuldade em relação à humildade: a opção preferencial para si mesmo abre uma brecha para a prática da humildade em relação ao mercado: voltaremos às conotações religiosas desta atitude. Por ora, interessa frisar a dificuldade de escolher a atitude certa para poder sobreviver no mundo corporativo.

– Os executivos se dividem em duas categorias: os, de primeira classe, que por seu talento estão acima do bem e do mal porque são imprescindíveis e devem servir de modelo para todos e os executivos "*comodities*", que, para sobreviver, devem submeter-se com uma lealdade canina à empresa que os agracia com o emprego. Os imprescindíveis devem, contudo, manter uma eterna vigilância porque são as organizações que decidem quais são as qualidades indispensáveis: nesses tempos de mudança, não é impossível que o imprescindível de hoje seja descartável amanhã!

– O autoconhecimento é o caminho para poder sempre avaliar se o caminho seguido é o certo. Não é uma avaliação feita segundo critérios pessoais: a rota é traçada pela empresa e pelo sistema. Após um sério exame de consciência, os executivos deverão aprimorar-se, sempre lembrando que, embora a empresa possa graciosamente contribuir, cabe a eles assumir a maior parte da tarefa sem que isso prejudique suas tarefas e responsabilidades.

– Nada de arrogância e prepotência: deve-se negociar desafios com os subordinados, evitando a mesmice e a repetição mecânica de antigos hábitos, mesmo que sejam arraigados na cultura da empresa. Surge outra contradição: como fazer isto e continuar leal aos objetivos e aos valores da empresa, em se tratando justamente dos principais alicerces da cultura da empresa?

– O fim esperado de tudo pode ser a frustração e/ou a exclusão: não há, porém, como escapar desse jogo!

PARTE 2

PERFEIÇÃO OU EXCELÊNCIA: O CAMINHO DO EXECUTIVO

Nos capítulos anteriores, vimos despontar um ideal de perfeição quase paradigmático e universal porque propõe critérios e valores para a vida profissional, pessoal e familiar do executivo. Por que não apresentar outros modelos que inspiraram seres humanos na busca de um sentido para a própria existência e os ajudaram a assumir responsabilidades na sociedade onde viviam? Na história ocidental, três ideais foram propostos: um pela Grécia, outro pelo Evangelho e o terceiro pela época moderna, cada um deles apresentando um projeto de perfeição global. Contudo, o ideal moderno de crescimento humano reduzido ao progresso infinito, conduzido pela ciência e pela tecnologia, deixou nossos contemporâneos desencantados ante um mundo mais complexo do que tinham pensado. Essa frustração levou a dois tipos de reação: a pós-modernidade tentou voltar a uma tomada de consciência mais existencial dos impasses da modernidade e deixou-nos pensativos e perplexos! A hipermodernidade, marcada pela aceleração das comunicações, do consumo, da especulação e da exploração descontrolada do meio ambiente, propõe uma exacerbação da modernidade por pensar, talvez, que o progresso e a felicidade prometidas não aconteceram ainda porque faltaram tecnologia e propósito firme para que a utopia fosse finalmente construída.

Nossa reflexão anterior fez com que percebêssemos que os critérios de competência, dedicação, competitividade, empregabilidade e submissão aos objetivos empresariais propostos ao executivo não são vistos apenas como necessários para que ele tenha um bom desempenho no cumprimento de suas tarefas e de suas responsabilidades, mas para que ele possa realizar-se contribuindo para a construção de uma nova sociedade global e produtiva. Comparando a abrangência desse ideal com os ideais grego, evangélico e moderno, e os questionamentos da pós-modernidade, poderemos entender se o ideal de perfeição proposto é simplesmente um ideal técnico ou se comporta dimensões mais existenciais. Para tanto, ocorre, em primeiro lugar, refletirmos sobre o conceito de perfeição.

Iniciando sua reflexão sobre a perfectibilidade do ser humano, John Passmore[1] pergunta se o conceito de perfeição deve ser usado simplesmente para descrever um alto desempenho numa determinada tarefa ou se ele pode ser usado para descrever alguma característica mais geral, aplicável ao ser humano como tal. Traduzindo numa linguagem mais empresarial: será que devemos falar de perfeição só olhando para a competência das pessoas ou podemos chegar a pensar na perfeição como uma característica da própria pessoa? É uma pergunta extremamente relevante pois, em decorrência dela, poderemos indagar se o ideal de

---

[1] PASSMORE, John, *The perfectibility of man*, London, Gerald Duckworth & Company Limited, 1970, p. 11.

perfeição do executivo vai além de seu desempenho e atinge um patamar de excelência universal, quase metafísica ou mitológica.

Vamos primeiro aos dicionários! Segundo o Aurélio, a palavra perfeição significa: o conjunto de todas as qualidades e a ausência de quaisquer defeitos; o máximo de excelência a que uma coisa pode chegar; primor, correção; o maior grau de bondade ou virtude a que pode alguém chegar; o mais alto grau de beleza a que pode chegar alguém ou algo; a execução sem falhas de uma tarefa, a precisão; o requinte, a maestria e a perícia.[2]

Segundo o *Dictionnaire d'éthique et de philosophie morale*,[3] que não traz um verbete *perfection*, mas sim um verbete *perfectionnisme*, na linguagem comum, o perfeccionismo significaria uma busca e um apego aos critérios de avaliação os mais elevados. Certas propriedades constituiriam o fundamento da identidade pessoal e o bem da pessoa consistiria em desenvolver estas propriedades no mais alto grau. Alguns filósofos como Platão, Aristóteles, Tomás de Aquino e Hegel consideram que o maior bem humano consiste na contemplação do saber. Outros, como Marx e Nietzsche, já dão mais valor a certas excelências práticas que agem sobre o mundo, considerando assim que a melhor vida é uma vida de ação. Essa teoria perfeccionista apresenta duas características interessantes: de um lado, ela apresenta um ideal de desenvolvimento da natureza humana que seduz e oferece a possibilidade de unificar o que de outro modo seria uma lista desordenada de bens objetivos. Por outro lado, ela não fornece uma definição mais precisa

---

[2] BUARQUE DE HOLANDA FERREIRA, Aurélio, *Novo Dicionário da Língua Portuguesa*, Rio de Janeiro, Editora Nova Fronteira S.A., 1975, 1ª edição (12ª impressão), p. 1068.

[3] HURKA, Thomas, verbete *perfectionnisme* em CANTO-SPERBER, Monique (org.), *Dictionnaire d'éthique et de philosophie morale*, Paris, Presses Universitaires de France, 1996 (1a ed.), p. 1114 a 1120. Esta obra já existe em português.

da natureza humana o que, segundo a maioria das filosofias contemporâneas, dificilmente seria possível por causa, por exemplo, das descobertas da biologia evolucionista.

Voltemos agora à pergunta feita por Passmore: a perfeição diz respeito à competência das pessoas ou a elas mesmas? Nosso autor conclui que existem três modos de perfeição que poderiam ser definidos como possíveis de ser alcançados:

– a perfeição técnica, que consiste em desempenhar com a máxima eficiência uma determinada tarefa,

– a perfeição da obediência que consiste em obedecer aos comandos de uma autoridade superior, sendo ela Deus ou um representante de uma elite,

– a perfeição teleológica, que consiste em atingir o fim no qual o ser alcança a maior satisfação.

Não faltou também quem tentasse entender a perfeição como total ausência do mal, seja ele considerado como defeito físico ou metafísico, como pecado ou como impureza. E Passmore conclui fazendo algumas perguntas: existe alguma tarefa na qual cada homem e todo homem poderia aperfeiçoar-se tecnicamente? Será o homem capaz de subordinar-se totalmente a Deus? Será ele capaz de atingir seu fim natural? Será ele capaz de ser inteiramente livre de qualquer defeito moral? Pode ele mesmo fazer de si um ser perfeito, harmonioso e que consiga viver segundo um ideal de ser humano perfeito, à semelhança de Deus? As páginas que seguem são tentativas de responder a algumas dessas perguntas.

CAPÍTULO 4

OS GREGOS OU A PERFEIÇÃO NA VIRTUDE, NO DEBATE E NAS IDEIAS

Em nossa reflexão introdutória, encontramos várias referências ao conceito de perfeição na filosofia grega que influenciou profundamente o pensamento ocidental e inspirou um ideal de perfeição. A Grécia não foi um sucesso: não conquistou povos, não deu suas instituições para nenhuma outra sociedade, não conseguiu realizar a própria unidade e foi vencida pelos Macedônios e depois pelos Romanos. Todavia, as pessoas cultas de Roma falavam grego, copiaram o teatro grego, inspiraram-se da poesia grega e rebatizaram os deuses e heróis gregos, dando um alcance universal a essa cultura que teve seu apogeu durante um século, o quinto antes de Cristo, e que parece ter pretendido conscientemente oferecer à humanidade um ideal de perfeição que se apresentasse como universal. Por quê?[1]

A resposta mais comum é que Grécia e Atenas foram impelidas pelo desejo de entender o ser humano e comunicar esta compreensão em termos de razão, instaurando a civilização do *Logos*, indo ao encontro da curiosidade que

---

[1] DE ROMILLY, Jacqueline, *Pourquoi la Grèce?*, Paris, Éditions de Fallois, 1992, Préface, p. 10s.

é de todos os homens, de todos os lugares e de todos os tempos. Porém, isto não foi feito somente por meio da reflexão filosófica: todas as obras literárias, arquiteturais, plásticas convergem e distinguem-se por um esforço excepcional de mostrar o humano em sua dimensão universal. Os homens gregos não construíram um conjunto de ideias abstratas, mas, sim, uma história numa forma perene porque foi expressão da altíssima vontade com que talharam o próprio destino, à medida que foram tomando consciência da finalidade sempre presente do percurso: em contraste com a exaltação oriental dos homens-deuses acima de toda medida natural, solitários, o início da história grega surge como princípio de uma nova valoração do Homem, a qual não se afasta muito das ideias difundidas pelo Cristianismo sobre o valor infinito de cada pessoa, nem do ideal de autonomia espiritual que desde o Renascimento se reclamou para cada indivíduo. Não é uma descoberta do eu subjetivo, mas, sim, a consciência gradual das leis gerais que determinam a essência humana, que não é um abstração vazia: é uma forma viva que se desenvolve no solo de um povo e persiste através das mudanças históricas. Este homem não era isolado, mas, sim, vinculado a seus semelhantes na cidade: por isto, uma de suas características essenciais era ser um animal político. Os que foram reverenciados como os grandes homens da Grécia consideram-se sempre a serviço da comunidade, não como profetas de Deus, mas como mestres independentes do povo e formadores de seus ideais. Mesmo quando falam aparentemente impelidos por uma inspiração religiosa, esta se assenta no conhecimento e na formação pessoal. A trindade grega do poeta (*poiètès*), do homem de Estado (*políticos*) e do sábio (*sophos*) encarna a mais alta direção da nação.[2]

---

[2] JAEGER, Werner, *Paideia, a formação do homem grego*, São Paulo, Martins Fontes/Editora Universidade de Brasília, 1989, Introdução, p. 5s.

OS HERÓIS E OS DEUSES

Existe um consenso que o ponto de partida dessa tentativa de construir uma civilização do *Logos* teria começado por Homero.[3] Qual visão Homero oferece da perfeição humana e por que esse poeta foi tão importante para a cultura grega e, através dela, para a cultura ocidental?

Sua arte exercitou, num sentido puramente literário, uma constante escolha dos traços essenciais quando descrevia algum personagem: ele atribui-lhes somente as emoções mais fundamentais como a cólera e a piedade, a honra e a ternura que se manifestam em reações vivas e francas, normalmente sem o acompanhamento de análises. Por exemplo Andrômaca é simplesmente a esposa e a mãe igual a qualquer outra esposa e mãe: é simplesmente humana, só mostrando seu temor de ver o esposo ir para a guerra. Isto porém não é apresentado de um modo frio e abstrato: muito pelo contrário, a riqueza dos detalhes deixa o texto concreto e vivo: assim, no canto VI, a reação de medo do filho de Heitor por causa do penacho que balançava ameaçadoramente em cima do elmo: todos riem no meio das lágrimas.[4] Pela simplicidade de expressão de seus sentimentos de medo diante da ida do esposo para a guerra, ela prefigura todas as separações análogas que acontecerão na história da humanidade, com toda a sua carga de tragédia. Assim também Heitor expõe com tanta

---

[3] Além de Romilly e Jaeger, consultamos Vegetti, Mario, *O homem e os deuses* em Vernant, Jean-Pierre, *O homem grego*, Lisboa, Editoria Presença, 1993, p. 229-253 e Tarnas, Richard, *A epopeia do pensamento ocidental, para compreender as ideias que moldaram nossa visão de mundo*, Rio de Janeiro, Bertrand Brasil, 1999, parte I: *A visão de mundo dos gregos*, p. 17-86.

[4] "Mas teve medo a criança do aspecto do pai; e, gritando, ao seio da ama acolheu-se, de bela cintura. Estranhara o inusitado fulgor do elmo aêneo de grande cimeira, pelo galhardo e oscilante penacho de crina encimado. O pai e a mãe veneranda, a um só tempo, sorriram, de gozo. O refulgente elmo, então, da cabeça tirou o guerreiro, pondo-o, cuidoso, depois, a seu lado, na terra fecunda", Homero, *Ilíada* (em versos), VI, versos 467-474, tradução em versos de Carlos Alberto Nunes, Rio de Janeiro, Ediouro Publicações, 1996.

simplicidade seu medo da derrota de Troia e o medo de que sua esposa seja feita escrava. O despojamento desses textos tem como primeiro efeito sugerir o que não está expresso, de modo que os leitores sintam esses heróis próximos deles em qualquer tempo ou em qualquer lugar.

Mas não basta ser simples e próximo para servir de modelo a uma cultura e pretender inspirar universalmente o homem. Os heróis apresentados por Homero são superiores à média dos seres humanos pela beleza, inteligência, coragem ou pela maldade.[5] Contudo, são sempre imagens humanas porque todos devem sofrer e morrer. Antes de Homero, o termo herói designava personagens que, no momento de sua morte, eram alçados à condição de semideuses. Os heróis de Homero são simplesmente personagens literários que têm virtudes exemplares, porém, humanas e que nem desejam a imortalidade: Ulisses recusa a imortalidade e prefere voltar para Itaqui e Aquiles, filho de uma deusa, só dispõe de meios humanos para lutar. É um universo totalmente centrado no homem e a simplificação dos caracteres não existe só para mostrar as reações essenciais ao ser humano em geral, mas também para constantemente relembrar a condição comum aos heróis e aos seres humanos em geral: de serem mortais. Na *Ilíada*, a presença da morte é constante, dando grande intensidade aos temores e ao sofrimento, realçando o preço do heroísmo. Homero, que gosta de descrever cenas de batalha mostrando a beleza de uma vitória sobre o inimigo e a alegria do vencedor diante da morte do adversário, evoca, cada vez que um homem cai e vai morrer, o que ele perde e o que perdem aqueles que não mais o verão. Ele interrompe às vezes uma narrativa de guerra para relembrar como as coisas eram em tempo de paz.[6] E essa condição mortal que irmana os adversários inspira a piedade e a compaixão. Assim entre

---

[5] DE ROMILLY, Jacqueline, op. cit., p. 32.
[6] por exemplo em *Ilíada* XXII 403 lembra como o rosto de Heitor morto era bonito antes.

Aquiles e Príamo, pai de Heitor, é o sentido de solidariedade humana no luto que prevalece; Príamo implora a piedade de Aquiles pedindo-lhe que lembre do próprio pai e Aquiles chora e, tomando a mão do velho Príamo, conforta-o: os dois perderam pessoas queridas e essa experiência partilhada faz com que prevaleça a compaixão.[7]

Assim aparece um tipo ideal que pode servir de modelo para a formação do homem: a característica fundamental é a beleza, no sentido normativo da imagem desejada que deve manifestar-se na conduta e no comportamento exterior, bem como na atitude interior; isso não nasce do acaso, mas é o resultado de uma disciplina consciente que permite adquirir a virtude em seu sentido mais amplo: a expressão do mais alto ideal cavalheiresco unido a uma conduta cortês e distinta e ao heroísmo guerreiro. O sentido do dever em face desse ideal que o indivíduo deve sempre ter diante dos olhos é, nos poemas homéricos, uma característica essencial da nobreza e nela reside uma grande força educadora. A virtude é o atributo próprio desta nobreza que estava também ligada à destreza e a uma força incomum e, ao mesmo tempo, ao fato de reger a própria vida por normas certas de conduta alheias ao comum dos homens, tanto na vida privada como na guerra. A raiz da palavra grega *areté* é o superlativo (*aristos*) da palavra (*agathos*) que significa nobre, valente, distinto e escolhido. Este conceito evoluiu sempre na direção de querer mostrar uma nova imagem do homem perfeito para o qual, ao lado da ação estava a nobreza do espírito: só na união dos dois aspectos atingia-se o objetivo da perfeição. Honrar os deuses e os homens por sua *aretè* é próprio do homem primitivo, segundo Homero. O homem grego dos períodos seguintes, formado pelos filósofos, dispõe-se a prescindir do reconhecimento externo que, contudo, segundo Aristóteles, continua importante porque a honra e a nobreza encontram

---

[7] *Ilíada* XXIV, 507-518.

sua plena realização na magnanimidade. Sua elevada apreciação da autoestima, bem como sua valorização da ânsia de honra e de altivez deriva do aprofundamento filosófico das instituições fundamentais da ética homérica: quem estima a si próprio deve ser infatigável na defesa dos amigos, sacrificar-se pela pátria, abandonar prontamente bens, dinheiro e honrarias para "fazer sua a beleza",[8] fórmula essa que expressa o motivo íntimo da perfeição do homem grego no qual o impulso natural à autoafirmação encontra na doação de si a mais alta realização. O ideal deve transformar-se em ação concreta pela qual será confirmado e manifestado.[9]

Os deuses, por sua vez, são representados como heróis cuja perfeição (o termo usado é *areté*) é devida à beleza, à inteligência, à força e à imortalidade que implica uma transcendência que os separa dos heróis e do resto dos homens.[10] Há, porém, vínculos constantes. Os deuses parecem todo-poderosos, decidindo tudo, estando sempre presentes e embaralhando constantemente os dados da experiência humana: podem assumir formas humanas, proteger um guerreiro com uma nuvem, enviam sonhos ou afastam uma seta; parecem ocupar todos os espaços e deixar pouco lugar para o homem. Porém, o maravilhoso tem limites característicos. A *Ilíada* evita as metamorfoses mais tradicionais, diferenciando-se da tradição mais arcaica. As duas únicas transformações conservadas por Homero são as do homem para o pássaro, para evocar a rapidez de uma presença ou de uma fuga repentinas. Todavia, constatamos que a transformação mais frequente é de um deus ou de uma deusa em uma forma humana: assim, os deuses conseguem inserir-se na experiência humana sem causar tanto espanto nos que são visitados! Os deuses e os homens ficam próximos, às vezes tão próximos que existe a

---

[8] ARISTOTE, *Éthique de Nicomaque*, Livro IV, cap. 2, (Tradução francesa J. Vilquin, Paris, Garnier Flammarion, 1965).
[9] JAEGER, Werner, op. cit., Livro I, p. 19-25.
[10] VEGETTI, op. cit., p. 238.

possibilidade de confusão e de dificuldade no reconhecimento. O mundo de Homero é um mundo tão centrado no homem que os próprios deuses dissimulam seu poder assumindo traços humanos. Até os milagres, situados na vida cotidiana, não entram diretamente em confronto com a experiência humana.[11] Este recurso ao maravilhoso, que para eles parece ser sinônimo de sagrado, fornece uma outra dimensão às peripécias enfrentadas pelos humanos: não significa fuga, mas engrandecimento da realidade. Mesmo todo-poderosos, os deuses não impedem que o espírito dos homens seja a instância na qual são decididos os acontecimentos que originam o drama e o encadeamento dos fatos: eles só intervêm a favor ou contra um homem porque acompanham com paixão a sorte de seus fiéis e agem para dar uma ajuda que valoriza a ação humana e não se substitui a ela.[12] Isto não pode fazer esquecer a crueldade dos deuses que não hesitam em arruinar os adversários de seus fiéis. Mesmo assim, os heróis descritos por Homero não vivem essas adversidades, como uma experiência de esmagamento: mesmo submetidos ao arbitrário e à crueldade dos deuses, eles conservam seu orgulho, sua dignidade e seu ideal, tendo consciência de ocupar um lugar próprio nessa história.[13] O politeísmo antropomórfico parece fazer pouco caso da onipotência e da onisciência das divindades: por outro lado ele frisa que o que separa os deuses dos homens é acima de tudo sua força.[14]

---

[11] Por exemplo *Ilíada* XIX, 408-417, onde o cavalo de Aquiles fala para avisá-lo da proximidade do dia fatal e é logo interrompido pelas Erenias. Os deuses vão intervir bastante nos cantos XX e XXI mas para lutar entre eles em favor de seus escolhidos.

[12] Por exemplo *Ilíada* XVIII, 204-221, onde Athena coloca-se do lado de Aquiles como se fosse um dublê que aumenta sua força embora se confundindo com ele.

[13] Por exemplo *Ilíada* XXII, 297-303, que conta a traição de Heitor por Athena. Mesmo traído, não desiste porque não pode morrer sem luta nem sem glória para que isto possa ser contado às futuras gerações.

[14] VEGETTI, op. cit., p. 238-239.

Esta relação complexa do homem com os deuses é expressa de um modo diferente nas principais tragédias gregas que surgem no século V, o da democracia ateniense.[15] Os autores trágicos, ao contrário de Homero, trabalham com os extremos: o extremo do crime e o extremo do sofrimento numa atmosfera sagrada, que permite que a atenção se volte para o relacionamento de alguns homens excepcionais com os deuses e, através da história deles, da humanidade em geral com as forças que dirigem o mundo. Então, o mito, apresentado como uma imagem aumentada pelo poder do imaginário, símbolo que dá sentido a nosso destino, torna-se o ponto de partida de uma aprendizagem humana justamente porque situado no mundo simbólico; assim a infelicidade de Édipo pode tornar-se o paradigma da condição humana:

> "Vossa existência, frágeis mortais, é aos meus olhos menos que nada. Felicidade só conheceis imaginada; vossa ilusão logo é seguida pela desdita. Com teu destino por paradigma, desventurado, mísero Édipo, julgo impossível que nesta vida qualquer dos homens seja feliz".[16]

DEBATE, DEMOCRACIA E FILOSOFIA

Existe na epopeia de Homero um traço não encontrado em outra epopeia e que será marcante na cultura da Grécia: no meio das aventuras, das batalhas, as pessoas buscam com todas as forças encontrar soluções sábias pelo debate em comum, que permite a análise dos problemas por várias pessoas: a descoberta da verdade deve ser fruto de uma busca comum e cada vez que um herói hesita, busca a melhor solução, procurando entender

---

[15] DE ROMILLY, Jacqueline, op. cit., p. 192s: utilizamos alguns elementos de sua análise sobre a tragédia grega.
[16] SÓFOCLES, *Édipo Rei*, em *A trilogia tebana*, Tradução do grego e apresentação Mario da Gama Kury, Rio de Janeiro, Jorge Zahar Editor, 1989, versos 1394-1401, p. 82-83.

e ser ajudado por outros para facilitar esse entendimento.[17] Porque discutem, procurando argumentos, os oradores descobrem ideias gerais e que valem para todos os tempos.

No exercício da democracia que convida milhares de cidadãos para um debate sempre aberto de palavras e de ideias, tudo foi feito para que a palavra fosse necessária e soberana.[18] O papel da Assembleia não se resumia em votar; o princípio da Assembleia era que cada um pudesse falar e o título mais comum dado ao homem político em Atenas era o de orador. A pergunta "Quem quer falar?" parece ter encantado os atenienses. Quem falava subia à tribuna e cingia uma coroa, sinal de sua inviolabilidade. Um regime desse tipo postulava uma escolha fundamental: a fé na palavra e na análise. Todas as instituições, incluindo a justiça, encontravam seu fundamento nesse postulado e, em função disto, a retórica desenvolveu-se tanto porque era fundamental saber convencer os outros. O ensino da arte de falar, que era o corolário do poder efetivo das assembleias de todos os tipos, mostrava que o essencial era o treinamento da inteligência, a *technè*, que é o privilégio do saber. Neste contexto, os deuses tradicionais descritos por Homero tinham sido integrados no horizonte da cidade (*polis*) como representantes de uma religião cívica e politizada: o templo é aberto ao público e é propriedade de todos e os cultos celebrados cimentam a unidade dos cidadãos, garantida por sua relação comum com a divindade.[19] Conforme avança-

---

[17] DE ROMILLY, Jacqueline, op. cit., p. 60s. Ela cita, por exemplo, as discussões sobre a necessidade ou não de continuar a luta em *Ilíada* II, 339-341 e IX, 488-491.

[18] ROMILLY, op. cit., p. 105s. A palavra era necessária na Assembleia, no conselho e nos tribunais. A Assembleia comportava todos os cidadãos de mais de 18 anos. Embora alguns problemas tenham exigido um quórum de 6.000 pessoas, o comparecimento normal era de mais ou menos 2.000 pessoas e esta Assembleia reunia-se de dez a quarenta vezes por ano. Esta Assembleia que decidia em matéria de política estrangeira, de paz ou guerra, assim como as alianças; votava as leis e exercia um direito de alta justiça para os problemas de segurança do Estado e ela ratificava as nomeações de magistrados.

[19] VEGETTI, op. cit., p. 242.

va o século V, Hipócrates na medicina, Heródoto e Tukídides na história e Anaxágoras e Demócrito na ciência ajudavam os homens de seu tempo a compreender o universo a partir de causas naturais racionalmente inteligíveis. Os sofistas introduziram no pensamento grego um elemento de pragmatismo cético: sendo, segundo Protágoras, o homem a medida de todas as coisas, seu julgamento pessoal devia constituir a base de sua conduta e de suas crenças – não o conformismo a uma religião tradicional ou a especulação filosófica muito abstrata. Assim, o verdadeiro objetivo do pensamento humano passava a ser o atendimento das necessidades humanas e a retórica serviria a preparar os jovens a ser mais eficientes no exercício da democracia e na conquista de uma vida de sucesso no mundo.[20] Já existia esta preocupação!

Sócrates recusa este caminho que ele acha intelectualmente equivocado e moralmente prejudicial: considerava sua tarefa descobrir o caminho para um conhecimento que transcendesse a mera opinião e definir uma moral que fosse além da simples convenção.[21] Ele fala com qualquer um porque usa uma metodologia nova que parte do julgamento de cada um em relação a noções que todos acreditam conhecer para, a partir de perguntas e dúvidas, suscitar a reflexão. Assim as pessoas passam de uma falsa certeza para a inquietude e podem descobrir princípios com os quais nunca tinham sonhado. Ele ensinava a pensar e era o mestre não de alunos escolhidos a dedo mas de todos aqueles que queriam buscar a verdade com obstinação. E o movimento que Sócrates faz executar a seu ouvinte é sempre uma conversão da diversidade do concreto para a universalidade do conceito e da abstração: este é o movimento fundamental do pensamento grego que é apresentado como método. Além disso, Sócrates exige que a ideia seja vivida até o fim, comande a vida e a morte e que o pensamento seja corroborado pela ação. A filosofia de Platão dá mais um passo no

---

[20] TARNAS, op. cit., p. 41s.
[21] Ibid., p. 48.

movimento que consistia a passar da diversidade do concreto para a universalidade da ideia: ele subordina o conjunto do mundo físico ao das ideias e todos os prazeres do corpo à contemplação das almas. Nesta transformação, a ideia não é mais um conceito nem a elaboração do espírito: ela adquire uma existência divina que permite a inteligibilidade da realidade.

Platão não comenta as razões do processo e da condenação de Sócrates: ele prefere relatar num único diálogo[22] a última conversa sobre a imortalidade da alma, mostrando a serenidade de Sócrates, num clima de confiança e de fé que nega a angústia da morte. Todavia, esta condenação manifesta como a cidade se sente ameaçada e reage à crítica filosófica porque para os gregos a experiência religiosa situava-se em dois planos diferentes, porém ligados: a ritualidade cotidiana e o nível de sentido e inteligibilidade preenchido pelos relatos míticos. Quando a racionalidade invadiu o espaço da crença com sua crescente capacidade de abstração, a visão antropomórfica do mito revelou sua insuficiência intelectual e deixou que a abstração filosófica conquistasse um espaço cada vez maior. Mas isto punha em perigo certa coesão social, fruto da observância de determinados ritos.

Resumindo, o modelo de perfeição grego fundamenta-se na virtude, na universalidade do conhecimento, na tentativa de responder às perguntas de sempre sobre o relacionamento do ser humano consigo mesmo, com os outros e com os deuses, permitindo a busca de um ideal que dê sentido à existência: ser o melhor pela prática da virtude e pelo serviço à cidade através do exercício da democracia e, se necessário, do sacrifício à própria vida. A cultura grega sai de um pensamento mítico depurado pela poesia de Homero e pela tragédia no sentido da tentativa de uma compreensão mais abstrata do ser humano a partir dos relatos tradicionais; com o exercício da democracia e a necessidade do debate, ela evolui na direção de uma reflexão cada vez mais racional e crítica que encontra sua maior expressão na filosofia.

---

[22] Fédon.

CAPÍTULO 5

O IDEAL EVANGÉLICO: A COMPAIXÃO E O PERDÃO

Qual é a originalidade da proposta de Jesus de Nazaré, que não hesita em fazer de modo peremptório um convite à perfeição para todos, dando a essa perfeição uma dimensão divina?[1] Antes de analisar o mandamento transmitido pelo Evangelho, devemos ver o que significava o conceito de perfeição para os judeus, que foram os primeiros ouvintes das palavras de Jesus:[2]

> "Pois fui eu o Senhor que vos fiz subir da terra do Egito, a fim de que, para vós, eu seja Deus; deveis, portanto, ser santos, pois eu sou santo" (Lv 11,45).
> "Fala a toda a comunidade dos filhos de Israel; tu lhes dirás: Sede santos, pois eu sou santo, eu, o Senhor, vosso Deus" (Lv 19,2).
> "Serás perfeito na adesão ao Senhor, teu Deus" (Dt 18,13).

---

[1] Para um estudo mais detalhado da mensagem de Jesus antes do cristianismo, não podemos deixar de citar: BOISMARD, Marie-Émile, *A l'aube du christianisme, avant la naissance des dogmes*, Paris, Les Éditions du Cerf, 1999 e NOLAN, Albert, *Jesus antes do cristianismo*, São Paulo, Edições Paulinas, 1988. Gostaria de acrescentar que esta reflexão sobre a perfeição cristã deve muito às discussões que tive em várias oportunidades com os professores Márcio Fabri dos Anjos e Jung Mo Sung.
[2] As citações bíblicas são tiradas da *Bíblia Tradução Ecumênica TEB*, São Paulo, Edições Loyola, 1994.

O modelo de perfeição a ser imitado é o próprio Deus.[3] No Antigo Testamento, em vez de dizer que Deus é perfeito, afirma-se que Ele é Santo, o que significa dizer que é de uma natureza totalmente diferente em relação aos outros seres deste mundo: Ele é grande, poderoso, terrível e, ao mesmo tempo, permite a aproximação do homem porque é bom e fiel, intervindo com justiça na história dos homens, o que é sugerido pela palavra hebraica *qâdash*, expressando a noção de santidade no sentido de consagração-purificação muito mais do que no sentido de separação.

Nesse caso, a dupla sagrado-profano corresponde à dupla pureza-impureza. Quando Deus escolhe um povo, esse povo também torna-se santo, o que quer dizer separado do profano e consagrado, o que implica que seja íntegro e sem defeito, tanto fisicamente como moralmente. Essa integridade moral significava servir a Deus com total sinceridade e fidelidade do coração. Os judeus piedosos buscavam a perfeição na observação da lei e nem sempre eram felizes, o que permite entender o problema levantado pelo livro de Jó: por que o Justo não é poupado da infelicidade?

O Novo Testamento valoriza esta perfeição voltada para uma espera.[4] Todavia, se esta prática da lei pretende bastar-se a si mesma, é uma falsa perfeição que Jesus vai combater, assim como S. Paulo. O texto evangélico fundamental, a partir do qual precisamos começar nossa reflexão sobre a perfeição pedida por Jesus, é o seguinte:

> "Ouvistes que foi dito: amarás teu próximo e odiarás teu inimigo. Eu porém vos digo: Amai vossos inimigos e orai pelos que vos perseguem, a fim de serdes verdadeiramente filhos do vosso Pai que está nos céus, pois ele faz nascer seu sol sobre os justos e os injustos. Pois se amais aqueles que vos

---

[3] Esta reflexão está embasada em VIARD, André-Alphonse, verbete *perfection* em LÉON-DUFOUR, Xavier (org.), *Vocabulaire de Théologie Biblique*, Paris, Les Éditions du Cerf, 1971 p. 971-974.
[4] VIARD, op. cit., p. 973.

amam, que recompensa tereis por isso? Não agem da mesma forma até os coletores de impostos? E se saudais somente vossos irmãos, que fazeis de extraordinário? Não fazem os pagãos a mesma coisa? Vós, portanto, sereis perfeitos, como é perfeito o vosso Pai celeste" (Mt 5,43-48).

Para Jesus, que revela que o Deus Santo é um Deus de Amor, a perfeição não é uma questão de integridade, mas, sim, de dons de Deus a serem recebidos e comunicados. Por isso, não existe afastamento e separação em relação aos pecadores, porque é para estes que Jesus veio. Portanto, quem quiser aproveitar a salvação oferecida deve reconhecer-se pecador e renunciar a qualquer vantagem pessoal para confiar unicamente na graça oferecida. A expectativa de perfeição apresentada pelo texto de Mateus está situada no contexto do mandamento do amor aos inimigos e do tratamento igual dispensado pelo Pai aos bons e aos maus: o discípulo perfeito é aquele que opta por vencer o mal pela força do bem: trata-se de desarmar o inimigo e de quebrar a lógica do ódio e da vingança.[5] É da experiência da bondade e da incansável paciência de Deus que brota o amor aos inimigos.[6] Esta generosidade nunca fica satisfeita com o resultado obtido. A ideia de progresso está doravante ligada à da perfeição: os discípulos sempre devem progredir na acolhida e na partilha do conhecimento e do amor até que venha a Parusia.[7] O futuro "sereis" expressa uma antecipação de confiança, uma expectativa divina: diante da Revelação, pode-se esperar que o homem opte por seguir este caminho de bondade e de perfeição que se concretiza no amor aos inimigos.[8]

---

[5] Cf. Rm 12,21; 1Pd 3,9. Ver também o comentário do trecho evangélico em BENOIT, P. & BOISMARD, M.– E., *Synopse des quatre évangiles en français*, Tome II, Paris, Les Éditions du Cerf, 1972, p. 150.
[6] Ver notas correspondentes a Mt 5,44s na *Bíblia Tradução Ecumênica TEB*.
[7] Cf. Fl 1,9.
[8] HÄRING, Bernhard, verbete *santificação e perfeição* em COMPAGNONI, Francesco, PIANA, Giannino, PRIVITERA, Salvatore (org.), *Dicionário de Teologia Moral*, São Paulo, Paulus, 1997, p. 1115-1122.

Um detalhe deve chamar nossa atenção: em Lucas, a palavra "perfeito" (*teleios*) usada por Mateus é substituída pela palavra "generoso", "misericordioso" (*oiktirmos*). O modelo do amor é Deus em sua grande misericórdia:

> "Mas amai vossos inimigos, fazei o bem, emprestai sem nada esperar em compensação. Então vossa recompensa será grande, e vós sereis os filhos do Altíssimo, pois ele é bom para os ingratos e para os maus. Sede generosos como vosso Pai é generoso" (Lc 6,35-36).

Essa misericórdia contrasta com a percepção daqueles que eram considerados como os seguidores mais perfeitos da *Torá*: os fariseus e os essênios. Mesmo se o essênio não deve pagar ninguém com o mal, deixa a vingança para Deus que a realizará no dia do julgamento.[9] Os membros da comunidade com defeitos corporais eram excluídos da assembleia dos membros plenos. É fácil perceber como Jesus recusa-se a realizar a comunidade através da separação, já que ele chama os que tinham sido proscritos por aqueles que procuravam a perfeição pela separação. Quando convida a sua mesa os pobres, os mutilados e os aleijados, Jesus polemiza diretamente com os essênios.[10] O que o diferencia mesmo da comunidade do Batista é a incondicionalidade da graça e sua característica de não estabelecer fronteiras: o Batista acolhia as pessoas depois que tivessem manifestado seu arrependimento, Jesus oferece a salvação aos pecadores antes que façam penitência;[11] a graça é

---

[9] Nesta análise, seguiremos JEREMIIAS, Joachim, *Teologia do Novo Testamento, a pregação de Jesus*, São Paulo, Edições Paulinas, 1980, cap. 5, par 17, p. 266ss. Na página 268, por exemplo, ele cita o seguinte trecho da maldição dos pecadores, que fazia parte da cerimônia de entrada dos novos membros: "Maldito sejas sem misericórdia, de acordo com as trevas de tuas ações, e a ira caia sobre ti com as trevas do fogo eterno! Deus não seja dadivoso, quando o invocares, e não te perdoe, para expiares teus atos maus! Ele erga o rosto de sua ira contra ti, e para ti não haja nenhuma paz nos lábios de todos os anjos intercessores!" I QS 2, 7-9.
[10] Cf. Lc 14,13.21.
[11] Lc 19,1-10.

concedida sem limite e sem condição e a misericórdia aparece na história tanto em sua prática quanto em sua mensagem.[12]

Um outro aspecto merece ser sublinhado: a novidade da perfeição pregada por Jesus não é a elevação e o rigor das exigências a serem atingidas, mas a motivação que leva as pessoas a porem-se a caminho e tornarem-se discípulos.[13] A ética corrente contemporânea de Jesus é uma ética do mérito e do esforço ao passo que a motivação dos discípulos de Jesus deve ser a gratidão. Não que ele recuse totalmente a linguagem da recompensa, talvez por não destoar completamente da linguagem de seu tempo,[14] mas fica muito claro que o que deve mover seus seguidores é diferente, o que fica patente, por exemplo, no pedido feito de que, quando se der esmola, a mão esquerda deve ignorar o que faz a direita.[15] Assim, os que são absolvidos no juízo final ficam surpresos ao serem lembrados das obras de amor praticadas[16] porque terão seguido à risca a dica de se considerarem servos inúteis.[17] Jesus não fala de um eventual direito à recompensa mas da realidade de um dom gratuito concedido por Deus, que é misericordioso. Portanto, o motivo para os discípulos agirem é a gratidão pelo dom de Deus. É por essa razão que, em vez da busca de posição e de poder, deve prevalecer a capacidade para o serviço, porque o Mestre está no meio de seus discípulos como aquele que serve à mesa.[18] Assim sendo, existe um único motivo para agir no Reino proposto por Jesus: a gratidão pelo perdão recebido. Um bom exemplo disto é a parábola dos dois filhos (mais conhecida como a do Filho

---

[12] SOBRINO, Jon, *O Princípio Misericórdia, descer da cruz os povos crucificados*, Petrópolis, Editora Vozes Ltda., 1994, p. 34s.
[13] JEREMIIAS, op. cit., cap. 5, par.19, p. 326ss.
[14] Por exemplo: Mc 10,28-30 par; Mt 5,12 par; Lc 14,12-14.
[15] Mt 6,3s.
[16] Mt 25,37-40.
[17] Lc 17,7-10.
[18] Lc 22,27; Jo 13,1-15.

pródigo)¹⁹ que é uma apologia na qual Jesus se justifica por comer com os pecadores:²⁰ ele deixa claro que o amor de Deus para os pecadores que voltam para casa não tem limite e sua atitude de sentar-se à mesa com eles corresponde à natureza e à própria vontade de Deus. A parábola do Bom Samaritano reforça esse aspecto mostrando que Jesus escolhe um ser humano socialmente ou religiosamente marginalizado para servir de paradigma de perfeição aos homens religiosos, incluindo os sacerdotes e os levitas, justamente porque ele age movido pela misericórdia.²¹ O ser humano realiza sua vocação na medida em que é capaz de interiorizar em suas entranhas o sofrimento alheio de tal modo que este sofrimento torna-se parte dele e se converte em princípio interno, primeiro e último, de sua atuação: esta misericórdia não é uma entre outras qualidades humanas, mas é aquela que define essencialmente o ser humano. Ser um homem, filho de Deus, é, para Jesus, reagir com misericórdia, como o samaritano. A consequência direta do mandamento da perfeição como vivência da misericórdia é uma nova relação filial com Deus que passa a ser chamado Abbá, e uma nova relação de fraternidade entre os discípulos.²² Daí o pedido dos discípulos para que Jesus os ensine a rezar.

E depois de Jesus? Embora a igreja primitiva ficasse muito impressionada pelos fenômenos paranormais que, desde Pentecostes, pareciam acompanhar a difusão do cristianismo, Paulo preferia insistir sobre a nova qualidade de vida que deveria estar associada a esta intensa emoção.²³ Em sua análise

---

[19] Lc 15,11-32.
[20] Lc 15,1-2.
[21] Seguimos SOBRINO, Jon, op. cit., p. 34-35. A citação da parábola do Bom Samaritano é Lc 10,29-37.
[22] JEREMIIAS, Joachim, *Teologia do Novo Testamento, a pregação de Jesus*, São Paulo, Edições Paulinas, 1980, cap. 5, par 18, p. 274ss.
[23] Esta reflexão está baseada em DODD, Charles-Harold, *La prédication apostolique et ses développements*, Paris, Éditons Universitaires, 1964, p. 62s.

crítica dos dons do Espírito, não dá tanta importância aos fenômenos extraordinários: exalta os dons morais e intelectuais, considerando que o maior de todos é o amor.[24] Cada vez menos preocupado com a vinda gloriosa do Senhor que já não parece dever ser tão imediata, convida os cristãos a tomar consciência da grandeza e da plenitude oferecida pela vida espiritual em Cristo praticada no dia a dia. Meditando sobre os acontecimentos salvadores da morte e da ressurreição do Cristo, ele enxerga o amor de Deus como fonte suprema da nova historia na qual os dons do Espírito à comunidade, principalmente o do amor, são a fonte da perfeição moral.

O autor do evangelho de João vai ainda mais longe.[25] A realidade última é concebida como uma ordem eterna revelada simbolicamente em acontecimentos banais da história. O autêntico conhecimento de Deus é acessível para quem está unido ao Cristo, o Filho que conhece o Pai como é conhecido por ele: neste conhecimento reside a vida eterna desde que exista o compromisso de entregar-se a ele num amor incondicional.[26] Por isto, a paixão é apresentada como o acontecimento no qual o Cristo é glorificado mais do que em qualquer outra palavra ou qualquer outra ação porque é o momento da mais completa revelação de seu amor para com seus amigos, sendo portanto o meio pelo qual ele salva a humanidade. A ressurreição, no evangelho de João, não é um ato novo do drama da redenção, mas simplesmente um sinal que sela para os discípulos a realidade da obra já cumprida e da glória alcançada em sua vida e em sua morte.[27]

Com nossos olhos de cristãos do século XXI, ajudados pelo grande desenvolvimento dos estudos exegéticos e da teologia bíblica, algumas discussões teológicas que ocuparam muito os nossos antecessores na fé e que os levaram não só

---

[24] 1Cor 12-14.
[25] DODD, p. 73s.
[26] Jo 10,11-15; 15,13-17; 14,23-24; 13,34-45.
[27] DODD, p. 81.

a oposições intelectuais mas, em não poucos casos, a vias de fato... mortais podem deixar nos surpreendidos e indignados. É, porém, importante perceber que muitos deles também buscavam entender se viver a perfeição evangélica era ou não possível e se o homem podia ou não obedecer ao mandamento do Cristo de ser perfeito como o Pai celeste é perfeito. Na realidade existe um dilema fundamental: será que os homens podem aperfeiçoar-se a si mesmos ou precisam da graça divina para tanto?[28] Segundo a visão de Santo Agostinho, é impossível para o ser humano obedecer ao mandamento de perfeição por razões metafísicas, porque mesmo se o ser humano atingisse essa perfeição, seria a perfeição de um ser finito, e por razões morais porque o homem foi tão corrompido pelo pecado de Adão que se tornou incapaz de atingir até mesmo o grau de perfeição que sua natureza limitada permitiria. Essa posição vai despertar imediatamente a oposição de Pelágio: o ser humano é capaz de aperfeiçoamento ou de corrupção pelo exercício de seu livre-arbítrio, o que pode levar a deduzir que o ser humano merece a danação se não for perfeito. Isto vai levar Santo Agostinho a precisar sua visão do papel da graça na aquisição da perfeição: o ser humano somente pode amar Deus e seu próximo porque Deus escolheu amá-lo primeiro. Portanto o ser humano não pode ser perfeito por seu esforço, mas somente com a ajuda da graça divina que é um dom gratuito. Esta visão de Agostinho teve grandíssima influência no pensamento cristão ocidental, tanto católico como protestante.

Na Igreja Católica, Santo Tomás de Aquino foi sempre considerado como uma grande autoridade quanto à definição de perfeição cristã.[129] Para ele, está claro que a perfeição cristã

---

[28] PASSMORE, John, *The perfectibility of man*, London, Gerald Duckworth & Company Limited, 1970. p. 93s.
[29] FONCK, A., *Perfection chrétienne* (verbete) in *Dictionnaire de Théologie Catholique,* Tome douzième, première partie, Paris, Librairie Letouzey et Ané, 1933, col. 1219 – 1251.

consiste essencialmente no exercício do amor, ou segundo sua terminologia, da caridade.[30] Todas as distinções posteriores destinam-se a tentar explicar como isso é possível em nossa vida limitada: para superar a aparente contradição entre a finitude de nossa condição humana e a infinitude do amor divino, ele vai usar muito a distinção aristotélica entre ato e potência, mostrando que a caridade existe em nós como uma potencialidade. Neste mundo, segundo Santo Tomás, podemos ser perfeitos à medida que nos afastamos voluntariamente de tudo o que pode ir contra a vontade de Deus a nosso respeito.[31]

Gostaríamos de concluir esta rápida reflexão sobre o ideal de perfeição cristão com a tentativa de síntese oferecida por Bernhard Häring sobre as consequências que esta visão da perfeição como recebimento e comunicação de um dom pode trazer para a própria pedagogia da moral cristã:

> "1. A vida cristã,[32] em sua totalidade, tem suas raízes na experiência eucarística do infinito amor de Jesus e na vivência – também eucarística – de uma comunidade de vida no amor.
> 2. O primeiro plano desta nova moralidade não açambarca uma longa série de proibições ou advertências ameaçadoras, mas as bem-aventuranças, a alegria expansiva, a pobreza aceita pela atuação do Espírito Santo, os mandamentos ideais de amar como Jesus amou e ser misericordiosos como o Pai o é com toda a sua ternura maternal".[33]

---

[30] SANCTI THOMAE DE AQUINO, *Summa Theologiae*, Roma, Editiones Paulinae, 1962, IIa. IIae, q. 184, a. 3: "Per se quidem et essentialiter, consistit perfectio christianae vitae in caritate; principaliter quidem secundum dilectionem Dei, secundário autem secundum dilectionem proximi, de quibus dantur praecepta principalia divinae legis", p. 1803.
[31] Idem, *Summa Theologiae*, Roma, Editiones Paulinae, 1962, IIa. IIae, q. 184, a.2.
[32] Seguimos SOBRINO, Jon, op. cit., p. 34-35. A citação da parábola do Bom Samaritano é Lc 10,29-37.
[33] HÄRING, Bernhard, A ética teológica ante o III milênio do cristianismo, em VIDAL, Marciano (org.), *Ética Teológica, conceitos fundamentais*, Petrópolis, Editora Vozes, 1999, p. 18.

CAPÍTULO 6

OS TEMPOS MODERNOS E O PROGRESSO

Se considerarmos nossa visão atual de mundo, principalmente a que influencia os ambientes empresariais, devemos constatar o quanto fomos influenciados pelo que se costuma chamar de tempos modernos.[1] No decorrer de três séculos, várias revoluções aconteceram que levaram vários pensadores a redimensionarem sua visão da natureza, do ser humano e de Deus e a proporem novos paradigmas para quem acreditasse e buscasse a perfeição e a plena realização de seu destino humano.

O RENASCIMENTO E A REFORMA

Do mesmo modo que o modelo da Grécia clássica foi preparado por Homero, o modelo que se consolida no século XVIII nasce durante o Renascimento, que foi o período de emergência de uma nova consciência rebelde, criativa e individualista. Esse tempo começa com muitos desastres: peste negra, Guerra dos Cem Anos, lutas internas violentas entre as

---

[1] TARNAS, Richard, *A epopeia do pensamento ocidental, para compreender as ideias que moldaram nossa visão de mundo*, Rio de Janeiro, Bertrand Brasil, 1999, V, A visão de mundo moderna, p. 245-347.

cidades italianas, magia negra, medo da invasão turca e a grave depressão econômica generalizada. Paradoxalmente, a vida humana parece adquirir um valor imediato: o homem já não é tão secundário em relação a Deus, à Igreja ou à Natureza. Por causa da disseminação da palavra impressa, a leitura silenciosa e a reflexão solitária ajudam as pessoas a se libertar do controle que a coletividade exercia sobre seu modo de pensar. A ênfase é colocada na genialidade pessoal e o ideal passa a ser o homem emancipado com múltiplos talentos, podendo ser ele um aventureiro ou um gênio ou um rebelde ou os três ao mesmo tempo. É mais considerado quem busca a realização do ego, não mais através do recolhimento, mas por meio de uma vida de ação enérgica a serviço do Estado, nos estudos, na arte, no empreendimento comercial e na vida social. Com o desenvolvimento do relógio mecânico, aparece o modelo das máquinas modernas que gera um modelo conceitual e acaba moldando um novo paradigma de explicação da natureza, do ser humano, da sociedade e de Deus. Na Itália, o pequeno tamanho das cidades-estados, sua independência de uma autoridade central, sua vitalidade comercial e cultural proporcionam o cenário onde pode surgir um individualismo audacioso, criativo e muitas vezes implacável, livre das estruturas de poder e de lei impostas pela tradição ou por autoridades superiores: o pensamento, a ação política deliberada e a capacidade individual têm maior peso. O Estado é, para eles, uma entidade a ser compreendida e conduzida pela inteligência e pela vontade humanas.

Com a Reforma que Lutero opera com o intuito de purificar o cristianismo e deixá-lo mais conforme à Bíblia, o espírito individualista, rebelde e cada vez mais consciente de sua independência intelectual e espiritual não reluta em sustentar uma postura de grande poder crítico contra a autoridade da Igreja Católica Romana. A Reforma apresenta o paradoxo de ser ao mesmo tempo uma revolução radicalmente libertária, no sentido de que é uma afirmação da consciência individual contra a estrutura organizacional e as determinações sobre crença e rituais estabelecidos pela Igreja, e uma reação religiosa conservadora, no sentido de que pretende voltar para uma visão do mundo judaico-cristã marcada pelo agostinismo. A volta para uma teologia fundamentalmente bíblica, em oposição à teologia escolástica, torna mais exposta a distinção entre criatura e Criador; deixa a mente humana limitada ao conhecimento desse mundo que não mais pode ser apreendido e analisado a partir de uma suposta participação em padrões divinos estáticos e perceptíveis por analogia, mas segundo seus próprios processos materiais dinâmicos e distintos, desprovidos da referência direta à realidade transcendente. Isto permitirá que a ciência moderna opere uma revisão fundamental, não mais se obrigando a discutir com a teologia. Além disto, não sendo mais o mundo uma expressão da vontade de Deus a ser aceita com submissão, torna-se um campo de atuação para que o homem, cumprindo seu dever religioso, possa questionar e mudar todos os aspectos da vida, todas as instituições sociais e culturais, o que ajudou a superar a tradicional ojeriza religiosa a este mundo e à mudança.[2] Do ponto de vista puramente religioso, com a volta à Palavra de Deus como única fonte da revelação, a Reforma enfatiza a necessidade de descobrir a verdade sem a distorção advinda da obediência aos preconceitos da tradição, apoiando assim o desenvolvimento da mentalidade científica crítica. O preço a pagar é que se cria uma tensão impossível de superar quando aparecem as contradições entre os relatos bíblicos e as descobertas da ciência moderna. Ao mesmo tempo, o apelo de Lutero ao primado da resposta religiosa individual ao chamado de Cristo dá mais peso à coerência pessoal com a verdade sentida pelo ego do que a seus aspectos doutrinários objetivos. Por fim, as guerras religiosas refletem as violentas disputas quanto à concepção da verdade absoluta que deveria prevalecer levando a perceber a necessidade de uma visão es-

---

[2] TARNAS, Richard, op. cit., p. 260s.

clarecedora e unificadora que poderia transcender os conflitos religiosos sem solução: isto ajudou a Revolução Científica a triunfar.³

AS REVOLUÇÕES CIENTÍFICA E FILOSÓFICA

Copérnico era um apreciado consultor da Igreja Católica e foi encorajado por um bispo e um cardeal a publicar suas descobertas. Ele sofreu a primeira oposição dos protestantes que não aceitavam o questionamento de certas passagens da Bíblia por suas descobertas. Isto acabou incentivando a oposição da Igreja Católica que queria garantir também uma posição intransigente com respeito à revelação bíblica. Também estava sendo questionado todo o referencial cristão da cosmologia, da teologia e da moral que se inscrevia num universo aristotélico e geocêntrico. Com as consequências culturais das descobertas cumulativas de Kepler e Galileu que privilegiaram a observação dos fenômenos empíricos com o rigor do raciocínio matemático, a revolução copernicana tinha começado a se impor ao pensamento ocidental. Descartes, em seguida, empreendeu a tarefa de adaptar o atomismo de modo a proporcionar uma explanação física para o universo copernicano e Newton completaria o trabalho estabelecendo a gravidade como força universal, integrando a filosofia mecanicista com a tradição pitagórica. A nova imagem do Criador, nesse contexto, era aquela de um arquiteto divino, mestre matemático e relojoeiro, sendo o Universo visto como um fenômeno impessoal e de regularidade uniforme.⁴ Estamos longe dos deuses "torcedores" dos heróis gregos e do Deus presente, compassivo e salvador da teologia cristã.

---

³ Ibid., p. 269.
⁴ Ibid., p. 271-294.

Neste contexto, a filosofia começou a estabelecer-se como uma força mais independente na vida intelectual, transferindo sua afinidade e lealdade à Religião para a causa da Ciência. No início do século XVII, enquanto Galileu forjava a nova prática científica na Itália, Francis Bacon proclamava na Inglaterra o nascimento de uma nova era em que as ciências naturais trariam ao homem uma redenção material, usando um novo método de adquirir conhecimento que seria basicamente empírico e permitiria à mente humana obter as leis e generalizações que proporcionariam ao homem uma compreensão suficiente da natureza para controlá-la. Enquanto Sócrates via no conhecimento um caminho para a virtude, para Bacon o conhecimento era equiparado ao poder: o homem foi criado por Deus para interpretar e dominar a Natureza e a pesquisa era uma obrigação quase religiosa. Na mesma época Descartes, confrontado às dúvidas epistemológicas devidas às contradições entre as diferentes perspectivas filosóficas e a redução de importância da revelação religiosa para o conhecimento do mundo empírico, procurava uma base irrefutável para o conhecimento seguro. Ele construiria seu pensamento sobre três bases: o ceticismo, a matemática e a certeza da consciência individual, sendo o conhecimento seguro aquele que pode ser clara e distintamente concebido. Se o Universo não era um organismo vivo movido por um objetivo teleológico, como o concebiam a tradição aristotélica e os escolásticos, a razão analítica do homem perceberia nele uma matéria sem vida que seria mais bem compreendida em termos mecânicos, analisada em suas partes mais simples e entendida nos termos dos arranjos e movimentos dessas partes. Assim a razão humana tornava-se a suprema autoridade em questões de conhecimento, estabelecendo até mesmo a própria existência de Deus que aparecia como uma necessidade lógica. A base da certeza que, para Lutero, estava em sua fé na Graça salvadora revelada na Bíblia, estava, para Descartes, na clareza dos procedimentos do raciocínio matemático aplicado à impossibilidade de duvidar do próprio pensamento: não há verdades objetivas, metafísicas. A verdade é fruto de um processo que parte da dúvida e chega à certeza.

Uma das consequências deste processo é o triunfo do signo matemático sobre o símbolo.[5] Símbolo significa etimologicamente "um sinal de reconhecimento, formado pelas duas metades de um objeto quebrado que se reaproximam"; portanto, podemos também dizer que seria "todo sinal concreto que evoca (por meio de uma relação natural) alguma coisa ausente ou impossível de perceber".[6] Jung define o símbolo como "a melhor figura possível de uma coisa relativamente desconhecida que não saberíamos imediatamente designar de um modo mais claro ou mais característico".[7] O pensamento moderno seria, assim, uma revolução iconoclasta que troca a imaginação pela conceituação, deixando mais distante a busca do sentido e da finalidade. O conhecimento simbólico aparece cada vez mais distante da pedagogia do Ocidente; essa opõe ao pensamento indireto o pensamento direto (em vez da imagem, o conceito), substituindo a presença do absoluto e dos dogmas de todos os tipos por longas explicações construídas num esquema positivista.

Estes são os alicerces para entender qual é o ideal de perfeição do homem moderno.

A PERFEIÇÃO DO HOMEM MODERNO: O BURGUÊS DEVOTO DO PROGRESSO

O homem moderno apresenta-se como um ser plenamente autônomo para quem a consciência pessoal e racional é o princípio elementar e essencial de identidade. Essa cons-

---

[5] Nessa reflexão sobre a relação entre a modernidade e o pensamento simbólico, seguiremos o autor Gilbert Durand. Ver DURAND, Gilbert, *L'imagination symbolique*, Paris, Quadrige / Presses Universitaires de France, 1998.
[6] Verbete *símbolo*, em LALANDE, André, *Vocabulário técnico e crítico da filosofia*, São Paulo, Livraria Martins Fontes Editora Ltda., 1993, p.1015 e 1016.
[7] Citado em DURAND, op. cit., p. 11

ciência, totalmente distinta de um Deus objetivo e de uma natureza exterior, duvida de tudo, menos de si mesma, opondo-se como um ser pensante e observador não apenas às autoridades tradicionais, mas ao mundo, que media e manipula. O destino feliz do homem parece assegurado como resultado do uso da própria racionalidade e de suas realizações concretas. A adequada educação da mente humana num ambiente bem planejado produziria indivíduos racionais, capazes de entender o mundo e a si mesmos. Tendo, como indivíduo, uma capacidade crítica universal, o homem moderno considera-se em uma igualdade de condição em relação a todos os outros indivíduos, assim como em relação a qualquer autoridade e à sociedade como um todo. Nesta perspectiva, o indivíduo é investido de responsabilidade e de capacidade de iniciativa: torna-se sujeito de suas escolhas, aparentemente livre de qualquer influência do grupo ou da sociedade. Contudo, desde já podemos notar que essa capacidade o joga numa potencial situação de concorrência em relação a outros atores. Essa situação de rivalidade reintroduz a referência ao "outro" e reforça as tendências miméticas do indivíduo: talvez, ele não esteja tão livre quanto pensava![8]

Dois jornais ingleses, o *Tatler* e o *Spectator*, ofereceram a este modelo de humanidade feições mais concretas: seria o burguês, sorridente e contente consigo mesmo! Esses dois jornais dirigiam mensagens para uma sociedade que pedia regras de conveniência, de correção e de deveres.[9] Artigo após artigo, refutavam falsidades, corrigiam abusos e mostravam o que devia ser feito, tentando restabelecer, segundo dizia o *Tatler*, a honra da natureza humana. Não dando valores a títulos ou a conceitos ultrapassados de defesa da honra ou de abnegação. O burguês

---

[8] COMELIAU, Christian, *Les impasses de la modernité, critique de la marchandisation du monde*, Paris, Économie Humaine, Éditions du Seuil, 2000, p. 42.
[9] Seguimos a análise de Paul Hazard em HAZARD, Paul, *La crise de conscience européenne, 1680-1715*, Paris, Librairie Arthème Fayard, 1961, chapître VII, "Vers un nouveau modèle d'humanité", p. 303-314.

prefere valorizar a afirmação da individualidade e a espontaneidade. Não se preocupa demais com a busca da felicidade: está convencido de que é melhor saber consolar-se e permanecer firme nas adversidades porque o que de mais valioso ele pode esperar neste mundo é o contentamento da alma.[10] O tipo mais acabado deste novo modelo é o comerciante, que dá poder, riqueza e honra à Inglaterra e ao resto do mundo que aceita este ideal e que contribui para a colaboração entre todos os países e para o bem-estar universal. É o amigo do gênero humano. Não busca a fama como o herói antigo; ele precisa de uma reputação ilibada que se transforma em crédito, base da honra e da eficácia mercante. Os autores franceses acrescentam que este homem novo deve ser modelo de independência de espírito conquistada pelo uso da razão: deve ser filósofo. Este filósofo não é mais o profissional que cita Platão ou Aristóteles. É um cientista que usa a razão e não a memória para estudar a astronomia, falar da pluralidade dos mundos. É um sábio que constrói para si mesmo uma vida confortável e, principalmente, é uma pessoa que julga todas as coisas com total liberdade. Ele preza uma filosofia que renuncia à metafísica e se restringe voluntariamente ao que pode perceber imediatamente na alma humana e na natureza, que é considerada não boa, mas poderosa, ordenada e afinada à razão humana. Por isto, só podem existir uma religião natural, um direito natural e uma liberdade natural.[11] O horizonte está

---

[10] Tema desenvolvido para nossos dias em GALBRAITH, John Kenneth, *A cultura do contentamento*, São Paulo, Livraria Pioneira Editora, 1992.

[11] Segundo LALANDE, verbetes *natureza* e *estado de natureza*, op. cit., p. 721 e 340, o conceito moderno de natureza refere-se mais a um princípio que produz o desenvolvimento de um ser e realizar nele um determinado tipo. Por consequência, pode designar tudo o que é inato, instintivo e espontâneo, inclusive a razão considerada como uma espécie de instinto intelectual. Seria um estado em que os homens nascem por oposição à revelação, à graça, à civilização, à reflexão e a tudo o que é artificial e dependente da vontade. O estado de natureza, neste sentido, corresponderia a um estado hipotético do homem antes da organização social (Grocius, Hobbes, J. J. Rousseau). Não se trata então do mesmo conceito de natureza como essência presente na visão de Aristóteles e da escolástica.

aqui, em nosso mundo: inventar máquinas que tornam o trabalho mais fácil, combinar diversos materiais para produzir coisas novas e aumentar nossas riquezas, isto significa fazer da terra o Paraíso, adiar a morte e aumentar o poder de ação do ser humano. O Progresso pelo desenvolvimento da ciência torna-se um mito que, no fim, substituirá a religião e a filosofia e responderá a todas as perguntas do espírito humano.

Condorcet será o grande pedagogo e o grande profeta desta nova era.[12] Da constatação do progresso científico, ele tira uma interpretação rígida da história que influenciará a cultura ocidental e contribuirá para bloquear toda reflexão crítica sobre a "civilização".[13] A ideia principal desse filósofo é que a humanidade caminha desde suas origens para estados de desenvolvimento cada vez mais perfeitos. Em seu discurso de recepção na Academia Francesa, ele tinha dito que "Toda descoberta é um benefício para a humanidade". Portanto, por um estudo científico do homem e da sociedade, seria possível criar uma arte social que permitiria que uma elite esclarecida pudesse conduzir o resto da humanidade em direção à felicidade. Seriam constituídas ciências que teriam como objeto o próprio ser humano e como objetivo sua felicidade. Elas poderiam prever os progressos da espécie humana, dirigi-los e acelerá-los; oferecer a mesma certeza que as ciências físicas desde que a humanidade se libertasse dos antigos preconceitos e do peso da tradição para os quais só pode existir o desprezo. Condorcet apresentava o aperfeiçoamento das leis e das instituições públicas como a consequência lógica do progresso dessas ciências. Segundo ele, nas sociedades arcaicas existiam dois tipos de pessoas: os impostores e os que eram

---

[12] CONDORCET, Jean Antoine Nicolas Caritat, *Esquisse d'un tableau historique des progrès de l'esprit humain*, 1793, Paris, GF Flammarion, 1988.
[13] THUILLIER, Pierre, *La grande implosion, rapport sur l'effondrement de l'Occident 1999-2002*, Paris, Fayard, 1995, p. 65s. Oferece uma boa síntese do pensamento de Condorcet, embora não nos sintamos obrigados a aceitar todas as suas conclusões.

enganados por eles. Porém, a civilização era o fruto de um processo que, mesmo passando por períodos de decadência, era irreversível. Da mesma forma, ele insiste sobre o papel das atividades comerciais e industriais como poderosa ajuda para o desenvolvimento das ciências e das técnicas que permitem progressos na produção dos bens de consumo mais comuns, enaltecendo ao mesmo tempo a superioridade do novo conhecimento e as vantagens do desenvolvimento do comércio.[14]

Podemos resumir as etapas do raciocínio que leva os pensadores do Iluminismo a acreditarem que os tempos novos chegaram. Até essa época, o homem foi uma criança em termos de conhecimento e, por consequência, em termos de virtude; pela ciência, ele tem agora condição de determinar como a natureza humana se desenvolve e o que o ser humano deve fazer. Esse novo conhecimento pode ser expresso de modo inteligível para todos os homens. Sabendo o que se deve fazer, os homens agirão em consequência e, portanto, melhorarão suas condições morais, físicas e políticas. Desde que nada de sinistro prejudique a transmissão do conhecimento, o desenvolvimento da ciência, ilimitado, está destinado a permitir uma constante melhoria da condição humana.[15]

Em síntese:

> "A orientação e a característica dessa personalidade refletiam a mudança gradual e, enfim, radical: uma fidelidade psicológica que passava de Deus para o Homem, da dependência para a independência, do outro mundo para este, do transcendental para o empírico, de mito e crença para Razão e fato, das universalidades para as particularidades, de um Cosmo estático determinado pelo sobrenatural para um Cosmo em evolução determinado pela Natureza e de uma Humanidade decadente para uma progressista".[16]

---

[14] CONDORCET, op. cit., Dixième Époque, des progrès futurs de l'esprit humain, p. 265-296.
[15] PASSMORE, op. cit., p. 208.
[16] TARNAS, op. cit., p. 343.

Esta posição, todavia, não é unânime. Jean Jacques Rousseau vai usar todo o seu poder de argumentação para mostrar que a civilização tão celebrada podia ser também a origem de grande parte dos males do mundo porque alienava o homem de sua condição natural de simplicidade, sinceridade, igualdade, bondade e verdadeira compreensão. Ele acreditava que o sentimento religioso era intrínseco à condição humana porque estava ligado à natureza real do homem, feita de sentimentos, impulsos profundos, intuição e fome espiritual que transcendiam todas as fórmulas abstratas. A divindade que Rousseau admitia não era uma primeira causa impessoal, mas um Deus de amor e de beleza que a alma poderia conhecer em seu próprio interior.

A abordagem da época moderna sobre o progresso determina aspectos fundamentais da sociedade na qual vivemos, principalmente no que diz respeito à visão que temos do papel da economia.[17] A emergência do indivíduo como sujeito de escolha livre e racional vai orientar o progresso econômico, embora fosse inicialmente concebido como projeto coletivo, na direção da busca de objetivos individuais mais do que de finalidades coletivas. Em relação aos recursos materiais, percebe-se o despertar de um comportamento individual racionalizado que conduzirá à noção de *homo economicus*, ao utilitarismo e à formalização da teoria do mercado. Este apresenta uma característica notável que é a de permitir o nascimento de uma sociedade muito mais auto-organizada do que centralizada. Isto pressupõe algumas condições institucionais entre as quais a principal é a propriedade privada, que garante o poder do indivíduo sobre as coisas e sua liberdade em relação aos outros homens. A lógica da propriedade privada vai reforçar a busca do interesse individual em detrimento da consideração das exigências da justiça social e da sustentabi-

---

[17] Seguiremos a análise de Comeliau, op. cit., p. 43s.

lidade ecológica.

Para dar um quadro institucional a esta sociedade, a organização política vai repousar sobre princípios radicalmente diferentes dos da sociedade tradicional, baseada sobre o nascimento, o status e a hierarquia. Vão prevalecer as noções de direitos humanos, de cidadania, de igualdade diante dos poderes e de democracia. Estes princípios combinam as noções de direito e de responsabilidade. Assim, a modernidade combina razão crítica com a reabilitação do indivíduo em sua capacidade de liberdade e de responsabilidade, a preocupação com o progresso social possível por causa dos avanços da ciência e da técnica, da industrialização e da democracia.

UM IDEAL DE PERFEIÇÃO ÉTICA?

No decorrer da história humana, por muito tempo, padrões agora estritamente distintos da conduta humana, tais como "utilidade", "verdade", "beleza", "propriedade" não eram diferenciados.[18] Nas sociedades tradicionais, tudo parecia estar no mesmo nível de importância e ser avaliado com as mesmas medidas de certo ou errado. Estar certo significava, na maioria das vezes, seguir o padrão costumeiro de vida. Com o afrouxamento da força da tradição, homens e mulheres são confrontados com a necessidade de construir a própria identidade e de fazer escolhas. O desenvolvimento moderno forçou os homens e as mulheres à condição de indivíduos que têm suas vidas fragmentadas em muitas metas e funções, cada uma devendo ser buscada em contexto e segundo critérios diferentes. A criação de uma visão unitária do mundo tornou-se praticamente impossível. É esta a razão pela qual a ética, para os pensadores modernos, não é um traço natural: é algo que precisa ser planejado e inoculado na vida humana. Por isso se tentou compor e impor uma ética onicompreensiva

---

[18] Inspiramo-nos da análise de Zygmunt Bauman em BAUMAN, Zygmunt, *Ética pós-moderna*, São Paulo, Paulus, 1997, p. 8ss.

e unitária, ou seja, um código coeso de regras morais que pudessem ser ensinadas para que as pessoas fossem forçadas a obedecer. Todavia, o que permaneceu igual nesta tentativa, em relação à sociedade tradicional, é a velha pressuposição de que a vontade livre se expressa apenas em escolhas erradas, e que a liberdade, se não monitorada, acaba levando para a licenciosidade e se torna inimiga do bem. Quando vista pelos guardas do bem comum e pelos responsáveis da sociedade, a liberdade do indivíduo continua sendo vista como suspeita pela simples imprevisibilidade de suas consequências e pelo fato de ser sempre uma fonte de instabilidade, um elemento de caos que precisa ser refreado para que a ordem possa ser preservada.

Desenvolver capacidades individuais de julgamento e administrar os interesses de tal maneira que a busca do interesse individual os leve a obedecer a ordem que os legisladores querem instalar: eis duas obrigações mutuamente condicionantes e complementares. A autonomia de indivíduos racionais e a heteronomia da administração racional não podem ir um sem a outra nem coabitar pacificamente. Bauman conclui[19]

> "foi o traço característico da modernidade, talvez o traço que a define, que a aporia tenha sido tida como conflito ainda não resolvido, mas em princípio resolvível, como transtorno temporário, como imperfeição residual no caminho da perfeição, como resto de não razão no caminho do domínio da razão, como momentâneo lapso de razão a ser logo retificado, como sinal de ignorância, ainda não inteiramente superada, do 'melhor ajuste' entre o indivíduo e os interesses comuns.(...) A modernidade refere-se essencialmente à *solução* de conflito, à admissão de nenhuma contradição exceto de conflitos acessíveis à solução e a sua espera".

---

[19] Ibid., p.13.

CAPÍTULO 7

CONTESTAÇÃO PÓS-MODERNA

O sucesso da modernidade de gerar um progresso científico e econômico sem precedente é inegável. Contudo, algumas experiências traumáticas, principalmente Auschwitz e Hiroshima, mostraram que a ciência e os métodos de administração desenvolvidos no século XX podem levar a desastres éticos sem precedentes, o que parece ter deixado a humanidade perplexa e com medo. Isso desencadeou uma tomada de consciência que levou alguns pensadores a apresentarem críticas a aspectos filosóficos, econômicos, sociais e religiosos da modernidade, desenvolvendo um tipo de reflexão definida como pós-moderna. Esta denominação não é aceita por todos porque não se trata da sucessão de duas épocas claramente delimitadas no tempo. A pós-modernidade aparece muito mais como um contraponto reflexivo da modernidade.

POSSÍVEIS IMPASSES DA MODERNIDADE E DESPERTAR DA CONSCIÊNCIA PÓS-MODERNA

Quais aspectos da sociedade moderna podem causar impasses ou inviabilizar desenvolvimentos? Vamos listar alguns.[1]

---

[1] Acompanhamos entre outras as análises de Zygmunt Bauman e Christian Comeliau em BAUMAN, Zygmunt, *O mal-estar da pós-modernidade*, Rio de Janeiro, Jorge Zahar Editor, 1998, BAUMAN, Zygmunt, *Ética pós-moderna*,

– Os valores individuais e privados ocupam um lugar privilegiado em relação aos valores coletivos e públicos. Os valores de progresso, de conforto, de melhoria do nível de vida, assim como valores de distinção e de promoção de cada um no seio da sociedade opõem os indivíduos entre si. Eventualmente, podem beneficiar o círculo imediato familiar ou o clã, mas não são destinados a favorecer o estreitamento dos laços mais amplos de solidariedade. Assim, fala-se mais em coletividade do que em comunidade, considerando a coletividade como uma coleção de indivíduos que se expressa principalmente no mimetismo das modas.

– Existe uma predominância sistemática das preocupações econômicas em relação a todos os outros componentes do progresso social, colocando-as no coração dos valores da sociedade. A expansão quase obsessiva das preocupações econômicas as transforma de simples cuidado para assegurar a sobrevivência, ou a melhoria das condições materiais, numa busca sistemática da eficácia e do progresso técnico contínuo, e numa acumulação indefinida do lucro em vista do enriquecimento e do aumento de poder.[2] Isto leva a um descolamento cada vez maior da economia real em relação à esfera financeira.

– A especulação está no coração da globalização, mas sem apoiar-se necessariamente sobre um aumento da produção real. A economia tornou-se autônoma, desenvolveu uma lógica própria e impôs sua dominação ao conjunto da organização social. A modernidade tende a transformar os seres humanos em seres unidimensionais para os quais a principal preocupação

---

São Paulo, Paulus, 1997 e COMELIAU, Christian, *Les impasses de la modernité, critique de la marchandisation du monde*, Paris, Économie Humaine, Éditions du Seuil, 2000.

[2] Aristóteles fala de uma arte de adquirir riquezas (a *chrêmatiotikê*) que não tem finalidade econômica, porque, segundo ele, a economia é a arte de administrar uma casa (*oikos*) que inclui em seus elementos a arte de adquirir riquezas em vista desta boa administração. Ver verbete *Chrématistique* em JACOB, André (org.) *Encyclopédie Philosophique universelle, Les Notions Philosophiques, Dictionnaire*, vol.1, Paris, Presses Universitaires de France, édition mars 2002.

é o progresso material, o lucro e a acumulação, sem nenhuma consciência da transcendência nem preocupação com perspectivas e projetos de longo prazo. O indivíduo é o ator central da produção e a ética se reduz à busca da troca mutuamente vantajosa. Isto, segundo os defensores do sistema, permite a harmonização espontânea dos interesses particulares pelo mercado. É esta generalização da relação comercial e a acumulação indefinida do lucro que fundamentam o expansionismo do capitalismo. Esta lógica acaba conduzindo para a globalização porque o mercado não precisa ficar restrito a fronteiras nacionais e porque o sistema capitalista tem uma pretensão universalista. O capitalismo não é a primeira nem a única forma de organização social a usar os mecanismos de mercado: sua originalidade está no fato de que ele pretende fazer do mercado o fundamento único de sua filosofia e de sua organização e o critério único de sua evolução, desencadeando um fenômeno cumulativo que ele tem dificuldade em controlar.[3]

– A busca da construção de uma ordem, possibilitando a previsão e o controle. Segundo Zygmunt Bauman,[4]

> "ordem" significa um meio regular e estável para nossos atos; um mundo em que as probabilidades dos acontecimentos não estejam distribuídas ao acaso, mas arrumadas numa hierarquia estrita – de modo que certos acontecimentos sejam altamente prováveis, outros menos prováveis, alguns virtualmente impossíveis. Só um meio como esse nós realmente entendemos. Só nessas circunstâncias (...) podemos realmente "saber como prosseguir".

Habilidades aprendidas para a ação constituem ativos poderosos num mundo estável e previsível, mas tornam-se sui-

---

[3] Estas análises foram feitas também por Karl Polanyi em POLANYI Karl, *La grande transformation, aux origines politiques et économiques de notre temps*, Paris, Gallimard, 1972 (a obra original data de 1944).
[4] BAUMAN, Zygmunt, *O mal-estar da pós-modernidade*, Rio de Janeiro, Jorge Zahar Editor, 1998, p.15.

cidas se os acontecimentos se desviarem das sequências causais, desafiando todas as previsões e tomando-nos de surpresa. Faz parte do fundo comum de evidências a crença tácita pela qual achamos que nossas experiências são padrões universais e que, quem quer que aja, obedece aos mesmos motivos que os nossos. Existe um caso muito especial de quebra da ordem: quando outros seres humanos são vistos como obstáculos no caminho da construção da apropriada organização do ambiente que nos tínhamos proposto. Por isso, a destruição do estranho, por separação, confinamento, exclusão ou assassinato foi sempre comparada com uma rotina higiênica, porque visaria proteger a saúde contra os portadores de doença. Em certas situações, a preocupação assumiu um papel particularmente importante: o trabalho de "colocação em ordem" tornou-se uma obsessão e uma atividade consciente e intencional: foi concebido como uma *tarefa*. O cuidado com a ordem significou a introdução de uma nova ordem, ainda por cima artificial, constituindo-se assim um novo começo. Essa mudança de status coincidiu com o advento da era moderna. Pode-se definir a modernidade como a época, ou o estilo de vida, em que a colocação da ordem depende do desmantelamento da ordem tradicional, herdada e recebida; em que "*ser*" significa um novo começo permanente.

Segundo Zygmunt Bauman, a pós-modernidade seria uma versão presente da modernidade que apresenta as seguintes características:

> "ela pretende fundir os metais preciosos da ordem limpa e da limpeza ordeira diretamente a partir do ouro humano, do demasiado humano reclamo de prazer, de sempre mais prazer e sempre mais aprazível prazer – um reclamo outrora desacreditado como base e condenado como autodestrutivo. Como se incólume – talvez mesmo fortalecida por dois séculos de concentrados esforços para conservá-la na luva de ferro das normas e regulamentos ditados pela razão –, a 'mão invisível' recobrou a verdade e está cada vez mais prestigiada. A liberdade individual, outrora uma responsabi-

lidade e um (talvez *o*) problema para todos os edificadores da ordem, tornou-se o maior dos predicados e recursos na perpétua autocriação do universo humano. Você ganha alguma coisa e, em troca, perde alguma outra coisa: a antiga norma mantém-se hoje tão verdadeira quanto o era então. Só que os ganhos e as perdas mudaram de lugar: *os homens e as mulheres pós-modernos trocaram um quinhão de suas possibilidades de segurança por um quinhão de felicidade.* Os mal-estares da modernidade provinham de uma espécie de segurança que tolerava uma liberdade pequena demais na busca da felicidade individual. Os mal-estares da pós-modernidade provêm de uma espécie de liberdade da procura do prazer que tolera uma segurança individual pequena demais".[5]

A tendência a coletivizar e centralizar as atividades de purificação e de ordenamento, destinadas à preservação da pureza da ordem e do projeto da modernidade, tende a ser cada vez mais substituída pelas estratégias de desregulamentação e privatização. Um número crescente de homens e mulheres pós-modernos, embora experimentando o medo de se perderem na precariedade e na incerteza atuais, e, às vezes, tomados por certa nostalgia de uma ordem e de projetos de sociedade estruturados, acham a atual indefinição de sua situação existencial atrativa. É que ela parece oferecer possibilidades de realização, de experiências suficientemente fortes para prevalecer sobre a aflição da incerteza. São seduzidos por novas aventuras e preferem opções abertas a qualquer fixação de compromissos. Nesta mudança de disposição, são ajudados e favorecidos por um mercado inteiramente organizado em torno da procura do consumidor e interessado em manter essa procura permanentemente insatisfeita, prevenindo assim a fixação de quaisquer hábitos adquiridos, e excitando o apetite dos consumidores para sensações cada vez mais intensas.

---

[5] BAUMAN, Zygmunt, *O mal-estar da pós-modernidade*, Rio de Janeiro, Jorge Zahar Editor, 1998, p. 9 e 10.

Contudo, no mundo pós-moderno de estilos e padrões de vida livremente concorrentes, é preciso mostrar-se capaz de ser seduzido pela infinita possibilidade e constante revolução promovida pelo mercado consumidor, de se regozijar com a sorte de vestir e despir identidades, de passar a vida caçando sensações e experiências cada vez mais intensas. Aqueles que não passam por esta prova são, como diz Bauman, a "sujeira" da pós-modernidade. Uma vez que o critério de pureza é a aptidão de participar do jogo consumista, os deixados de fora são consumidores falhos, incapazes de responder aos atrativos do mercado e, portanto, incapazes de ser indivíduos livres, considerando que a liberdade é sinônimo do poder aquisitivo. Excluir definitivamente os consumidores falhos da possibilidade de participar do mercado parece preferível ao restabelecimento de seu poder de consumir por meio de uma política de emprego conjugada com uma política de previdência e de aposentadoria que poderiam garantir sua participação no mercado de consumo.

Os projetos de vida individuais não encontram nenhum terreno estável e os esforços de constituição da identidade individual não podem retificar a sensação de "desencaixe".[6] A imagem do mundo, diariamente gerada pelas preocupações da vida atual, é despida de solidez e continuidade. Agora, a sensação dominante é de incerteza, não limitada à própria sorte e à adequação dos dons e das competências de uma pessoa ao que é exigido pelo mercado, mas igualmente a respeito da futura configuração do mundo, a maneira correta de viver nele e os critérios pelos quais julgar os acertos e erros da própria maneira de viver. O que significa este "medo ambiente"? Existem alguns fatores que podemos analisar:

– a nova desordem do mundo: após um tempo em que as divisões eram bem definidas, novas estratégias políticas

---

[6] As expressões entre aspas são de Bauman e a análise seguinte segue a argumentação desenvolvida por ele.

e econômicas privaram o mundo de uma estrutura visível e lógica. O que substitui o mundo assustador construído ao redor de blocos de poder é outro mundo assustador por causa da falta de coerência e de direção, bem como pela vastidão das possibilidades que ele abre, o que parece ser, segundo Claus Offe, "o túnel no fim da luz".[7]

– A desregulamentação universal, a liberdade concedida ao capital e às finanças a custa das outras liberdades, a destruição das redes de proteção social e o repúdio a todas as razões não econômicas deram um novo impulso ao processo de polarização da sociedade entre incluídos e excluídos. O desvio do projeto da comunidade como defensora do direito universal à vida decente e dignificada para o da promoção do mercado como garantia suficiente da universal oportunidade de autoenriquecimento, aprofunda mais o sofrimento dos novos pobres. A pobreza tornou-se a negação, por impossibilidade, da liberdade de consumir, agora identificada como principal característica humana.

– As outrora redes de segurança oferecidas pela vizinhança e a família foram consideravelmente enfraquecidas. A mudança nas relações pessoais, agora permeadas pelo dominante espírito do consumismo, leva a dispor do outro como a fonte potencial de experiências agradáveis, o que dificulta a geração de laços duradouros.

– Os meios de comunicação transmitem a mensagem da indeterminação e da maleabilidade do mundo: tudo pode acontecer e tudo pode ser feito, mas nada pode ser feito uma vez por todas. Os laços são dissimulados em encontros sucessivos, as identidades em máscaras sucessivamente usadas, a história da vida numa série de episódios. Apostar é a regra e não se vislumbra a possibilidade de construir um itinerário de vida. Em vez de construir uma identidade, as pessoas procuram uma série de novos começos.

---

[7] Citado por Bauman.

EXISTE UM IDEAL DE PERFEIÇÃO NA PÓS-MODERNIDADE?

Como vimos, a modernidade estava animada pela crença na possibilidade do progresso indefinido que abrangia um ideal de perfeição ética concretizado na não ambivalência e na não contradição e na visão de um crescimento inabalável de nossa capacidade de conhecimento através do desenvolvimento da ciência. Claro que se sabia que isto não tinha sido alcançado, mas, com certeza, era uma questão de tempo e de empenho! Segundo Bauman, é a descrença nessa possibilidade que caracteriza a era pós-moderna. Isto tem consequências éticas e em relação ao conhecimento científico.

Aspectos éticos

A reflexão pós-moderna traz sérias dúvidas quanto a um ideal que seja universal e objetivamente fundamentado. Isto pode ser explicado a partir de várias constatações.[8]

Os seres humanos são apresentados como eticamente ambivalentes. Nenhum código consegue harmonizar-se totalmente com esta ambivalência e anular o agir livre.[9] Portanto, não se pode garantir externamente uma conduta ética: nem por contextos mais planejados nem por motivos mais bem formulados para a ação humana. É preciso aprender a viver sem garantias, considerando que uma sociedade perfeita bem como um ser humano perfeito não são perspectivas viáveis. Baudrillard mostra que a recusa desta ambivalência custa muito caro!

---

[8] BAUMAN, Zygmunt, *Ética pós-moderna*, São Paulo, Paulus, 1997, p. 15ss.
[9] Não acompanho a distinção que Bauman faz entre ética e moral, porque considero que, em nosso caso, ela pode complicar mais ainda a compreensão de fatores já suficientemente complexos!

"É a ambivalência que espreita os sistemas mais acabados.(...) O fascínio que eles exercem, por ser feito de uma profunda negação como no fetichismo, é reversível num piscar de olhos. Donde sua fragilidade, que aumenta na medida mesma de sua coerência ideal. Esses sistemas, mesmo quando se fundam na indeterminação radical (a perda do sentido), tornam-se vítimas do sentido. Ele vem abaixo sob o peso de sua monstruosidade(...). Trata-se da fatalidade de todo sistema destinado, por sua própria lógica, à perfeição absoluta e, portanto, ao eclipse total; à infalibilidade absoluta e, portanto, ao colapso inapelável: todas as energias vinculadas visam sua própria morte."[10]

Fenômenos éticos são intrinsecamente não racionais se considerarmos a racionalidade unicamente sob o prisma da instrumentalidade, ou seja, da consideração de cálculos de ganhos e perdas. Em relação à famosa discussão dos fins que justificam os meios, é preciso notar uma mudança de paradigma. Muitos meios são criados sem visar nenhum fim, principalmente numa sociedade de mercado como a nossa. Quando os fins existem, eles são frequentemente subordinados aos meios. Esta preponderância dos meios sobre os fins pode também ser notada em relação ao poder dado pela tecnologia. Segundo notado por Bauman,[11] se algo pode ser feito, deve ser e será feito; não é necessário saber por que e para quê. São os meios que justificam todos os fins que os meios possam produzir. O poder é pura intenção última e final: ele não é meio para algo e não precisa desculpar-se em referência a este algo. A finalidade do progresso passa a ser aumentar a capacidade de fazer o que o homem possa querer que se faça. Neste ambiente, os fenômenos éticos não são regulares e repetitivos para serem representados como guiados por regras condensadas num código de ética. A ética é incuravelmente paradoxal e contraditória. Poucas escolhas são boas sem ambiguidade.

---

[10] BAUDRILLARD, Jean, *A troca simbólica e a morte*, São Paulo, Edições Loyola, 1996, p. 10.
[11] BAUMAN, Zygmunt, *Ética pós-moderna*, São Paulo, Paulus, 1997, p. 215ss.

O homem moderno visualizava a humanidade em seu conjunto como um receptáculo de qualidades e de competências que desafiariam a impotência e a ignorância dos humanos tomados separadamente. Essa crença característica da mentalidade moderna foi minada pela pós-modernidade que dá como versão da universalização a "globalização" entendida como a visão de uma difusão global da informação, da tecnologia e da interdependência, sem o contraponto da mundialização das autoridades políticas, culturais e morais. Diante de escolhas de magnitude sem precedente, de consequências potencialmente desastrosas, não mais esperamos que os filósofos ou os legisladores levantem uma vez por todas as ambivalências; suspeitamos que a sociedade, sua existência contínua e seu bem-estar se tornam possíveis pela competência moral de seus membros – e não o contrário. As escolhas morais parecem ser de fato escolhas, e dilemas parecem ser de fato dilemas e não os efeitos temporais e corrigíveis da fraqueza, ignorância ou estupidez humana. É neste tipo de mundo que devemos aprender a viver, embora poucos de nós estejam preparados para expressar quais seriam os princípios que os guiam! A pós-modernidade seria, seguindo a conclusão do raciocínio de Bauman, uma modernidade sem ilusões.[12]

Desde a perspectiva da ordem racional instrumental, a ética destina-se a permanecer irracional. Porque toda organização social se inclina à uniformidade e procura uma ação disciplinada e coordenada, a autonomia teimosa do eu sempre pode constituir escândalo. Exercendo a responsabilidade, o ser humano aprende que ele não vive simplesmente com o outro mas para o outro e a serviço dele. Isto só pode ser experimentado a partir de uma escolha feita pela consciência individual e nunca será produto de qualquer consciência forjada pela sociedade.[13] Precede a todo comprometimento racionalizado: não tem nenhuma fundamentação, nenhuma causa, nenhum fator determinante. A questão: "como

---

[12] Ibid., p. 41.
[13] A obra inteira do filósofo Emmanuel Levinas nasce desta tomada de consciência.

é possível?" não faz muito sentido quando dirigida à responsabilidade. A irresponsabilidade ocorreria quando a pessoa, esquecendo que vive para o outro e a seu serviço, acaba se contentando de fabricar regras ou códigos que permitam viver com os outros sem outro comprometimento do que manter... a Ordem!

Mas então, a reflexão pós-moderna conduz ao relativismo? Não! Expondo a essencial incongruidade entre, de um lado, qualquer código de ética amparado pelo poder e, de outro lado, a condição infinitamente complexa do eu ético, a pós-modernidade expõe a falsidade da pretensão da sociedade de ser o autor último e o único guardião confiável da ética. Segundo Bauman:[14]

> "São os códigos de ética que sofrem da praga do relativismo, não passando essa praga de reflexo ou sedimento de paroquialismo tribal de poderes institucionais que usurpam autoridade ética. A superação da variedade mediante estender escopo e alcance de determinado poder institucional, político ou cultural (como os modernos lutadores contra o relativismo moral exigiram quase em uníssono) só pode levar à substituição ainda mais completa de (...) heteronomia por autonomia. (...) A unidade moral, ampla como a humanidade, é pensável, se é que o é, não como produto final de globalização do domínio de poderes políticos com pretensões éticas, mas como horizonte utópico de desconstrução das pretensões do tipo de 'sem nós o dilúvio' de nações-estado, nações em busca de se tornarem estado, comunidades tradicionais e comunidades em busca de tradição, tribos e neotribos, assim como seus porta-vozes e profetas nomeados ou autonomeados; como a remota (e, sendo assim, utópica) perspectiva da emancipação do eu moral autônomo e a vindicação de sua responsabilidade moral; como uma perspectiva do eu moral que emerge, sem ser tentado a escapar da inerente e incurável ambivalência na qual aquela responsabilidade o lança e que já é sua sorte, ainda esperando para ser relançado em seu destino".

---

[14] Ibid., p. 20 e 21.

Em relação ao conhecimento científico

Jean-François Lyotard começa seu livro "A condição pós-moderna"[15] definindo a pós-modernidade a partir de uma reflexão sobre as regras do jogo da ciência.

> "Este estudo tem por objeto a posição do saber nas sociedades mais desenvolvidas. Decidiu-se chamá-la de 'pós-moderna'. A palavra é usada, no continente americano, por sociólogos e críticos. Designa o estado da cultura após as transformações que afetaram as regras dos jogos da ciência, da literatura e das artes a partir do final do século XIX."

Na modernidade, a ciência aparece, em sua origem, em conflito com os relatos míticos, poéticos e religiosos, considerando-os como fábulas. Enquanto ela não se reduz a enunciar princípios úteis para a elaboração de conhecimentos específicos e úteis, e procura a verdade de um modo mais amplo e absoluto, ela precisa legitimar as regras do jogo e gera seu próprio discurso de legitimação que chama de filosofia. Define-se como pós-moderna a incredulidade em relação à possibilidade de elaborar tal discurso. Isto corresponde à crise da filosofia metafísica: a função narrativa perde seus atores, os grandes heróis, os grandes perigos e os grandes objetivos. Ela se dispersa em vários elementos de linguagem, cada um veiculando validades e utilidades pragmáticas específicas. Assim nasce uma sociedade que se baseia menos numa teoria geral (seja ela estruturalismo ou teoria dos sistemas ou qualquer outra) e mais numa pragmática das "partículas de linguagem".[16] Existem muitos jogos de linguagem diferentes: contudo, os centros de decisão tentam gerir esse processo segundo uma lógica que implica a mensurabilidade de resultados práticos como critério fundamental de validade. Para eles, nossa

---

[15] LYOTARD, Jean-François, *A condição pós-moderna*, Rio de Janeiro, José Olympio Editora, 2000 (a edição original em francês é de 1979) p. XV.
[16] Ibid., p. XVI.

vida, carente de um sentido metafísico e de um quadro de valores consistentes, fica reduzida à busca do aumento do poder. Sua legitimação em matéria de justiça social e de verdade científica seria a de otimizar as *performances* do sistema, sua eficácia. A aplicação deste critério a todos os nossos jogos não se realiza sem algum terror, forte ou suave: sejam operacionais ou desapareçam!

A lógica do melhor desempenho é inconsistente sob muitos aspectos, sobretudo no que se refere à contradição no campo socioeconômico, querendo, por exemplo, simultaneamente menos trabalho (para baixar os custos de produção) e mais trabalho (para aliviar a carga social dos inativos). Mas a incredulidade resultante já não espera mais uma saída dessas contradições, como acreditava, por exemplo, Marx. Onde, então, encontrar uma legitimidade? O critério da operacionalidade é tecnológico e não é pertinente para julgar o verdadeiro e o justo. O saber pós-moderno não é somente o instrumento dos poderes; ele aguça nossa sensibilidade para as diferenças e encontra sua razão de ser não no discurso repetitivo e unívoco dos especialistas, mas na criatividade, muitas vezes embasada no paralogismo dos inventores.[17]

A partir dessa constatação inicial, Lyotard formula sua hipótese de trabalho: o saber muda de estatuto ao mesmo tempo em que as sociedades entram na idade pós-industrial e as culturas na idade pós-moderna.[18] O saber científico assume sua condição de ser uma mera categoria de discurso. Há quarenta anos, as ciências e as técnicas de vanguarda se ocupam da linguagem: as teorias linguísticas, os problemas da comunicação e a cibernética, as matemáticas modernas e a informática, os computadores e sua linguagem, os problemas de tradução das linguagens e a busca de compatibilidade entre linguagens-máquinas, a telemática e outras. O impacto dessas informações tecnológicas é considerável

---

[17] Paralogismo: de maneira geral, qualquer falácia ou erro de raciocínio. Em Kant, aplica-se a raciocínios que estão além dos limites da experiência possível. Ver verbete "paralogismo" em BLACKBURN, Simon, *Dicionário Oxford de filosofia*, Rio de Janeiro, Jorge Zahar Editor, 1997, p. 289
[18] LYOTARD, opus. cit., Capítulo primeiro.

e o saber deverá ser afetado em suas duas principais funções: a pesquisa e a transmissão de conhecimento. Ele só pode se submeter aos novos canais e tornar-se operacional na medida em que ele pode ser traduzido em quantidade de informações. Isto pode significar que a orientação das novas pesquisas subordinará eventuais resultados à possibilidade de traduzi-los em linguagem de máquina. Com a hegemonia da informática, impõe-se uma grande exteriorização do saber em relação ao sujeito que sabe. O antigo princípio segundo o qual a aquisição do saber é indissociável da formação do espírito, e mesmo da pessoa, cai em desuso. A relação entre fornecedores e usuários do conhecimento e o próprio conhecimento tende a ficar semelhante àquela que produtores e consumidores têm com as mercadorias, ou seja, a forma do valor. O saber tende a ser produzido para ser vendido, e ele é consumido para ser valorizado numa nova produção. Ele deixa de ser para si mesmo seu próprio fim; perde seu "valor de uso". Jean Baudrillard expõe essa crise de um modo bastante radical:[19]

> "Contudo, para além das topografias e economias, libidinais e políticas, todas gravitando ao redor de uma produção, material ou desejante, na cena do valor, há o esquema de uma relação social fundada na exterminação do valor, cujo modelo para nós remete às formações primitivas, mas cuja utopia radical começa a explodir lentamente em todos os níveis de nossa sociedade, na vertigem de uma revolta que já não tem relação com a revolução nem com a lei da história, nem sequer (...) com a 'liberação' de um 'desejo' (...)".

> "O princípio de realidade coincidiu com um estágio determinado da lei do valor. Hoje, o sistema oscila na indeterminação, toda realidade é absorvida pela hiper-realidade do código e da simulação. É um princípio de simulação que nos rege doravante em lugar do antigo princípio de realidade. As finalidades desapareceram; são os modelos que nos geram. Já não há ideologia; há apenas simulacros."

---

[19] BAUDRILLARD, Jean, *A troca simbólica e a morte*, São Paulo, Edições Loyola, 1996, p. 7 e 8.

É preciso entender que, no que Baudrillard chama de "revolução estrutural do valor",[20] o valor referencial desaparece cada vez mais em proveito do que ele chama de "mero jogo estrutural do valor". Acabam os referenciais de produção de sentido, de significação, de afeto, de história, toda essa equivalência a conteúdos reais que ainda lastreavam o signo. É outro estágio que prevalece, o da relatividade: todos os signos se trocam doravante entre si, sem nenhuma ligação com o que alguns teimam em chamar de real. Liberados da obrigação de ter de designar alguma coisa, estão livres para um jogo estrutural ou combinatório, de acordo com uma indeterminação e uma indiferença totais em lugar de uma regra de equivalência determinada.

Pelo que diz respeito ao processo de produção e à força de trabalho, a perda de importância de toda finalidade dos conteúdos permite, por exemplo, ao signo monetário de fugir numa especulação indefinida fora de toda referência a um lastro real. Segundo Baudrillard, o trabalho passou de *força* a *signo* entre os signos. É produzido e consumido como o resto: é trocado pelo lazer de acordo com uma equivalência total e é comutável com todos os outros setores da vida cotidiana. A própria utopia de um trabalho à medida de cada um, e ao mesmo tempo plenamente alinhado com as exigências do mercado, permite gerar novos produtos de formação profissional ou executiva a ser consumidos pelas pessoas.... físicas e jurídicas. A esfera da produção, do trabalho, das forças produtivas se insere na esfera do "consumo", entendida como um projeto geral de vida.

Lyotard mostra que o saber tornou-se a principal força de produção, tema muito retomado quando se fala de economia do conhecimento.[21] Isto leva a entender por que, sob a forma de mercadoria informacional indispensável ao poderio produtivo, o saber já é e será um desafio maior, talvez o mais importante na competição mundial pelo poder. O valor mer-

---

[20] Ibid., p. 15ss.
[21] LYOTARD, opus. cit., p. 5ss.

cadológico do saber não poderá deixar intacto o privilégio que os Estados-nações modernos detinham e detêm ainda no que concerne à produção e à difusão dos conhecimentos. A ideia de que estes dependem do cérebro ou do espírito do Estado será suplantada na medida em que seja reforçado o princípio inverso segundo o qual a sociedade não existe e não progride a não ser que as mensagens que nela circulam sejam ricas em informação e fáceis de decodificar. O Estado começará a aparecer como um fator de opacidade e de "ruído" para uma ideologia da "transparência" comunicacional, que se relaciona estritamente com a comercialização dos saberes. E Lyotard conclui:[22]

> "Em vez de serem difundidos em virtude de seu valor 'formativo' ou de sua importância política (administrativa, diplomática, militar), pode-se imaginar que os conhecimentos sejam postos em circulação segundo as mesmas redes da moeda, e que a clivagem pertinente a seu respeito deixa de ser saber / ignorância para se tornar como no caso da moeda 'conhecimentos de pagamento / conhecimento de investimento', ou seja: conhecimentos trocados no quadro da manutenção da vida cotidiana (reconstituição da força de trabalho, 'sobrevivência') versus créditos de conhecimentos com vistas a otimizar as performances de um programa. Neste caso, tratar-se-ia tanto da transparência como do liberalismo. Este não impede que nos fluxos de dinheiro uns sirvam para decidir, enquanto outros não sejam bons senão para pagar. Imaginam-se paralelamente fluxos de conhecimentos passando pelos mesmos canais e de mesma natureza, mas dos quais alguns serão reservados aos tomadores de decisão, enquanto outros servirão para pagar a dívida perpétua de cada um relativa ao vínculo social".

---

[22] Ibid., p. 7.

CAPÍTULO 8

APÓS A MODERNIDADE, A PÓS-MODERNIDADE... OU A HIPERMODERNIDADE?

A perplexidade e o medo suscitados diante dos impasses da modernidade levaram alguns a uma tomada de consciência qualificada de pós-moderna. O conceito de hipermodernidade, em vez, ressalta o fato de que as mudanças atuais proviriam da exacerbação e da radicalização de alguns aspectos da modernidade.[1] A sucessão desses conceitos deve ser entendida não como uma sucessão de momentos históricos, mas como leituras diferentes do processo que começou com a modernidade.

Segundo Vincent de Gaulejac, se a modernidade se caracterizava pela primazia da razão, a pós-modernidade pela crise das grandes narrativas e a desconfiança no conhecimento, a hipermodernidade é o mundo no qual o triunfo da racionalidade instrumental coabita com muitas incoerências e paradoxos.[2] Segundo Marcel Gauchet,[3] o

---

[1] Em AUBERT, Nicole (org.), *L'individu hypermoderne*, Paris, Éditions Érès, 2004, este conceito é desenvolvido em várias perspectivas, extremamente interessantes. Por isto, escolhi usá-lo para mostrar que a discussão atual não pode reduzir-se a opor pós-modernidade a modernidade.

[2] DE GAULEJAC, Vincent, *La société malade de la gestion, idéologie gestionnaire, pouvoir managérial et harcèlement social*, Paris, Éditions du Seuil, 2005, p. 115.

[3] Citado em AUBERT, op. cit., p. 16.

indivíduo contemporâneo se opõe aos tipos de personalidades que o precederam. A personalidade tradicional, que correspondia aos mundos sociais pré-individualistas, caracterizava-se pela incorporação de normas coletivas. A personalidade moderna colocava em primeiro lugar as noções de consciência, de responsabilidade e de interiorização dos valores destinados a construir uma sociedade de progresso perfeita. O indivíduo contemporâneo caracteriza-se pelo desaparecimento de uma consciência de pertença e se apresenta como um indivíduo "desconectado de tudo", considerando que "não tem mais sentido tentar enxergar um conjunto".

O indivíduo hipermoderno aceita ou não questiona o universo da globalização econômica cada vez mais dominada pelas leis do mercado e pela hipercompetição, estruturada num tempo mundial que acelera e se comprime. Evolui na sociedade da satisfação imediata, na qual a noção de sentido, restrita ao instante e ao momento presente, não parece oferecer outro referencial comum a não ser o do "risco compartilhado". Neste contexto, onde cada um adere mais a si mesmo do que a um projeto comum, e onde o indivíduo é antes de tudo um consumidor que deve lutar para afirmar a própria existência social, a recomposição da identidade pessoal é ao mesmo tempo reforçada e fragilizada e novas patologias emergem. Como, neste horizonte de curto prazo, os indivíduos conseguem criar relações consistentes? Nem a família consegue mais ser o crisol onde se forjavam personalidades estáveis destinadas a um mundo onde os lugares eram definidos. A educação atual, familiar ou escolar, frisa a capacidade de adaptação e de mudança para formar personalidades desengajadas, flexíveis e capazes de construir identidades múltiplas. Privado do tempo e da duração exigidos pela formação de sentimentos, o homem hipermoderno conseguirá mais do que sensações?

Enquanto o homem moderno pensa, elabora significados e toma consciência de si como ser autônomo que se relaciona com outros seres autônomos, ao mesmo tempo rivais e solidários, o homem hipermoderno está num mundo onde a política deu lugar à economia, o sentido à sensação e o pensamento à imagem.[4] A hipermodernidade seria um conjunto de representações e de comportamentos que decorreriam da busca de um bem-estar imediato por meio da tecnologia, da produtividade e da especulação, e construída sobre uma realidade fictícia. Falar em realidade fictícia significa reconhecer que a ficção implica um tipo de realidade alicerçada em imagens e informações frequentemente manipuladas. O homem moderno representava princípios; o homem hipermoderno representa uma ficção proposta por slogans e imagens para ser conforme ao contexto técnico, econômico e social. Ele sonha em fabricar a si mesmo por meio da tecnologia e, se insistir nesta lógica, poderá ser substituído, produzido e exterminado pela técnica. Assim, Bin Laden é um perfeito hipermoderno que existe através de sua capacidade de usar a técnica e construir a personagem mítica e eficaz que some e reaparece em nossas telas como se fosse dotado de ubiquidade! Nesta altura, pouco interessa saber se ele está ainda vivo!

A predominância da economia na hipermodernidade explica como, para muitos autores, a elaboração desse conceito esteve muito ligada a pesquisas e reflexões sobre a empresa. Isto levou alguns a falar da empresa atual como organização hipermoderna.

A ORGANIZAÇÃO HIPERMODERNA

Vincent de Gaulejac indica que a noção de organização hipermoderna foi proposta por Max Pagès, em 1979:

---

[4] Seguimos a análise de Jacqueline Barus-Michel no texto *L'hypermodernité, dépassement ou perversion de la modernité?*, em AUBERT, Nicole (org.), *L'individu hypermoderne*, Paris, Éditions Érès, 2004, p. 239 s.

"O que nos propomos chamar organização hipermoderna, em contraste à organização moderna, caracteriza-se pelo desenvolvimento fantástico de seus processos de mediação, sua extensão a novas zonas (instâncias), sua interconexão cada vez mais ramificada e sua constituição em sistemas cada vez mais coerentes".[5]

Para poder continuar nossa reflexão, vale a pena fazer uma pequena digressão sobre o conceito de mediação.

O CONCEITO DE MEDIAÇÃO

Segundo Hannah Arendt,[6] uma das grandes frustrações dos filósofos e, eu acrescentaria, dos diretores de empresa é a impossibilidade de se definir o homem concreto com o qual convivemos diariamente. Falar sobre uma abstração chamada o ser humano em geral dá a impressão que existe a possibilidade de dizer o *que* o ser humano é. Quando se trata de tentar entender *quem* é o ser humano com o qual convivemos em casa, no prédio e no posto de trabalho, a coisa se torna virtualmente impossível. A impossibilidade de solidificar em palavras a essência viva da pessoa tal como se apresenta na fluidez da ação e do discurso, tem profundas consequências para toda a esfera dos negócios humanos. Existimos basicamente como sujeitos que agem e falam e, por isso, somos profundamente diferentes dos objetos que definimos e nomeamos. E Hannah Arendt mostra que a manifestação do sujeito assume a forma das manifestações duvidosas dos antigos oráculos que, segundo Heráclito, "não dizem, nem escondem, apenas dão a entender".[7] Este é um aspecto básico

---

[5] PAGÉS, op. cit., p. 35.
[6] ARENDT, Hannah, *A condição humana*, Rio de Janeiro, Forense Universitária, 1991, principalmente no capítulo V, quando ela analisa a ação humana.
[7] Ibid., p. 194.

de incerteza de todo intercâmbio direto entre os homens, onde não existe a mediação estabilizadora e solidificadora das coisas e é a primeira e essencial frustração no que diz respeito à ação e à convivência entre os homens.

A ação e o discurso ocorrem entre os homens na medida em que conservam a capacidade de revelar a pessoa, mesmo quando tratam de interesses específicos e objetivos.

> "Estes interesses constituem, na acepção mais literal da palavra, algo que *inter-essa*, que está entre as pessoas e que, portanto, as relaciona e interliga. Quase sempre a ação e o discurso se referem a essa mediação, que varia de grupo em grupo, de sorte que a maior parte das palavras e atos, além de revelar o agente que fala e age, *refere-se* a alguma realidade mundana e objetiva. Como esta revelação do sujeito é parte integrante de todo intercurso, até mesmo do mais 'objetivo', a mediação física e mundana, juntamente com seus interesses, é revestida e, por assim dizer, sobrelevada por outra mediação inteiramente diferente, constituída de atos e palavras, cuja origem se deve unicamente ao fato de que os homens agem e falam diretamente uns *com* os outros. Esta segunda mediação não é tangível, pois não há objetos tangíveis em que se possa materializar: o processo de agir e falar não produz esse tipo de resultado. Mas, a despeito de toda a sua intangibilidade, esta mediação é tão real quanto o mundo das coisas que visivelmente temos em comum. Damos a esta realidade o nome de 'teia' de relações humanas, indicando pela metáfora sua qualidade, de certo modo intangível."[8]

Como se pode ver, o conceito de rede não foi inventado no âmbito empresarial! O grande erro de todo materialismo, seja ele marxista ou capitalista, é ignorar que os homens, mesmo quando empenhados em alcançar um objetivo econômico e material, se revelam como sujeitos. Eliminar isto significaria transformar os seres humanos em algo que

---

[8] Ibid., p. 195.

não são, o que acaba pondo em cheque qualquer tentativa de... realismo! A esfera dos negócios humanos consiste na teia de relações que existe onde quer que os homens vivam juntos. A revelação da identidade através do discurso e o estabelecimento de um novo início através da ação incidem sobre uma rede já existente, e nela imprimem suas consequências imediatas.

Um outro aspecto precisa ser considerado quando falamos de mediação. Segundo a teoria econômica, seja ela liberal ou marxista, o sujeito deseja o objeto ou precisa dele.[9] Na realidade, é preciso constatar que, na maioria das vezes, o sujeito deseja algo porque pensa que ele captará o olhar de reconhecimento e de admiração do outro pela mediação do objeto desejado. Pelos objetos que adquirimos, dizemos aos outros quem nós somos, qual é nosso status e o lugar que ocupamos na sociedade e solicitamos as reações que correspondem ao que mostramos. Em um primeiro nível de necessidades, as satisfações são praticamente todas relacionais porque, além de saciar nossas necessidades básicas, elas vêm ao encontro de nosso desejo de ser amados e reconhecidos. Em uma sociedade industrial e sofisticada, a satisfação das necessidades relacionais passa necessariamente pela busca do status, do dinheiro e do prestígio: aliás, pela melhor classificação possível nas competições de todo tipo que opõem cotidianamente os seres humanos uns aos outros. O nível de vida, os objetos possuídos aparecem como troféus das vitórias alcançadas nessa competição desenfreada em que vivemos. O Outro está continuamente presente em nosso horizonte e ele precisa ser dominado e vencido!

Quando a evolução da sociedade faz com que os enfrentamentos não possam mais acontecer de um modo tão aberto, o face a face violento, mas arriscado, é substituído

---

[9] Estas reflexões são inspiradas por Jean-Pierre Dupuy em DUMOUCHEL, Paul et DUPUY, Jean-Pierre, *L'enfer des choses, René Girard et la logique de l'économie*, Paris, Éditions du Seuil, 1979.

por normas e critérios. Trata-se para cada um de fazer, de possuir o que convém a sua condição e a suas ambições e os resultados conseguidos são avaliados a partir da norma que regula a interface com a sociedade. Os "outros" não desapareceram mas são escondidos atrás da norma, porque são eles que a definem e a fazem evoluir. Evidentemente, o que convém possuir é determinado pelo que os "outros" possuem. Se as normas forem fixadas, cada um pode ter interesse em classificar-se mais alto, mesmo se, para isto, pode ter de sacrificar outros elementos importantes do próprio bem-estar, como, por exemplo, sua disponibilidade de espírito e de tempo. Todavia, se todos obedecem do mesmo modo à mesma razão e agem em consequência, todos perdem pelos sacrifícios consentidos na competição. Existem dois movimentos complementares: o sujeito quer ser bem-visto pelos outros e, para conseguir isto, ele precisa descobrir o que é preciso fazer, olhando para os outros.

A mediação nas empresas

Existe nas empresas um processo de mediação que se coloca como uma aliança entre as restrições ou coerções impostas pela empresa e os benefícios oferecidos aos indivíduos.[10] Esses privilégios funcionam como terceiro termo que vem ocultar a contradição que pode existir entre os objetivos da empresa (lucros sem limites e dominação do mercado e/ou dos funcionários) e os objetivos de quem trabalha. A mediação é importante na medida em que ela permite que o controle de todo o sistema organizacional, e a solução das eventuais contradições, sejam feitos pela

---

[10] PAGÈS, Max, BONETTI, Michel, DE GAULEJAC, Vincent, DESCENDRE, Daniel, *O poder das organizações*, São Paulo, Editora Atlas S.A., 1990 (a edição francesa é de 1979), introdução. Usaremos... livremente algumas reflexões e definições desse autor.

empresa. Sendo esta que oferece os benefícios, em conformidade com sua lógica e suas escolhas, ela reforça a dependência de seus colaboradores. Esta mediação é um processo multiforme que se estende a domínios diferentes.

– No plano econômico, as perspectivas de alta remuneração e de plano de carreira medeiam a aceitação de um trabalho excessivo, o que significa aceitação dos objetivos de lucro e de expansão da empresa sem levar sempre em consideração outros aspectos em caso de conflitos e contradições.

– No plano gerencial, um conjunto de técnicas de administração a distância garante o respeito às diretrizes centrais da empresa, e, ao mesmo tempo, o desenvolvimento da iniciativa individual, especialmente através de regras e princípios que o indivíduo interioriza. A contradição entre o desejo do indivíduo de controlar as finalidades de seu trabalho e o respeito a uma política da empresa, sobre a qual ele não tem domínio, é assim mediada por diversas técnicas de autonomia controlada.

– No plano ideológico, a ideologia dominante produzida pela empresa dá lugar a interpretações individuais, se bem que o indivíduo produz uma ideologia semelhante ou, em todo caso, não contraditória com a da empresa.

– No plano psicológico, a dupla benefícios-restrições (coerções) se transforma em dupla prazer-angústia. A angústia provocada pela onipresença dos controles, pelo caráter ilimitado e inatingível das exigências, é compensada pelos prazeres oferecidos pela empresa, especialmente no que diz respeito ao prazer de conquistar os clientes, de ser o melhor, de se superar e de se autodominar.

É claro que esses diversos tipos de mediação se relacionam mutuamente e tendem a transformar as contradições coletivas em individuais, e as contradições de natureza econômica, social e/ou política em psicológicas. Mesmo as contradições psicológicas, genuinamente individuais, acabam sendo transformadas e utilizadas pela organização.

Em substância, a organização é um conjunto dinâmico de respostas a contradições. A organização é uma vasta "zona intermediária"[11] que se interpõe entre os vários interesses e exerce sua mediação antecipando-se e absorvendo as contradições antes que elas resultem em conflitos coletivos. Providências são tomadas para trazer a satisfação dos clientes internos e externos, enaltecer a boa reputação da empresa sem que transpareça o conflito que originou essas providências. Este é negado, abolido e apagado da imagem da organização.

Estas modificações devem ser relacionadas com as transformações do aparelho produtivo que exige trabalhadores instruídos, capazes de compreender os princípios de sua ação e não apenas cumprir tarefas rotineiras, capazes de iniciativa, não só aceitando, mas desejando a mudança, aderindo voluntariamente a seu trabalho e interessando-se por ele, e capazes e desejosos de cooperar uns com os outros, adaptando-se rapidamente a forças tarefas provisórias. Com isso, eles são mais livres para empreender e organizar a produção, o que aumenta a chance de eles questionarem as finalidades da organização. A organização hipermoderna deve ao mesmo tempo assegurar essas transformações do sistema produtivo e gerenciar seus colaboradores que, neste novo contexto, têm mais chances de escapar a seu controle.

O EXECUTIVO HIPERMODERNO

A partir dessa descrição, podemos entender alguns paradigmas e alguns valores que influenciam o executivo que atua numa organização dita hipermoderna.

---

[11] A expressão é de Pagès.

O que é a gestão hipermoderna

Nos manuais de Administração, a gestão é apresentada como um conjunto de técnicas destinadas a racionalizar e otimizar o funcionamento das organizações, o que abrange vários aspectos:
– Práticas de direção da empresa para definir orientações estratégicas, otimizar as relações entre os vários elementos necessários para colocar em operação um sistema de ação coletiva, definir a estrutura e as políticas da organização;
– Discursos sobre o modo de organizar a produção, de dirigir os homens que contribuem para isto, de administrar o tempo e o espaço;
– Técnicas, procedimentos, dispositivos que enquadram as atividades, determinam os lugares, as funções, os status, e definem as regras de funcionamento.[12]

Isto continua verdadeiro. Todavia, dois fenômenos modificam profundamente o funcionamento do capitalismo industrial a partir do fim do século XX.

– As lógicas de produção são cada vez mais submetidas às pressões das lógicas financeiras: a economia financeira acaba substituindo a economia industrial. O peso dos mercados e sua globalização questionam os modos de regular a economia dominados até então pelo Estado-nação. A desterritorialização do capital acaba com as fronteiras que permitiam controlar sua circulação e limitar as consequências da especulação.

– A fusão das telecomunicações e da informática instaura a ditadura do tempo real e do imediatismo das respostas às exigências do mercado financeiro. A gestão do pessoal e das relações sociais é substituída pela gestão de recursos humanos. A performance e a rentabilidade são medidas no curto prazo, colocando o sistema de produção num estado de tensão permanente.

---

[12] DE GAULEJAC, Vincent, *La société malade de la gestion, idéologie gestionnaire, pouvoir managérial et harcèlement social*, Paris, Éditions du Seuil, 2005, p. 21ss

Precisamos considerar de um modo um pouco mais detalhado a nova relação que o executivo tem com o tempo.[13] Tradicionalmente, o tempo sempre foi descrito por dois tipos de metáforas: as que o descreviam como fluxo que passa, indissociável da vida que também passa. Em nossos dias, ele foi associado no Ocidente com possessão e rentabilidade ("ter tempo", "falta tempo"...): assim, o tempo, normalmente impossível de se agarrar, tornava-se um dado quantitativo que procuramos segurar, possuir, submeter e dominar.

Mais recentemente, um terceiro tipo de metáfora invadiu o campo de nossas representações: as análises econômicas e sociais falam muito da contração, da aceleração ou da compressão do tempo, induzidas pela globalização e pelo funcionamento da economia em tempo real. Elas conferem ao tempo uma dimensão ontológica, dando-lhe um estatuto autônomo. Ora, são os indivíduos, e não o tempo, que aceleram sempre mais para responder às exigências de uma economia e de uma sociedade que giram a uma velocidade cada vez maior, exigindo performances cada vez mais altas e ações cada vez mais imediatas. Novas modalidades de abordagem do tempo tornam-se dominantes: a urgência, a instantaneidade e o imediatismo. As implicações dessa cultura são percebidas em diferentes registros: na ideologia, na busca de significado e nas propostas de terapia psíquica! O alicerce desta nova relação com o tempo está na aliança entre a lógica do retorno financeiro imediato e a instantaneidade dos novos meios de comunicação. Esta aliança gerou um indivíduo "em tempo real", funcionando segundo o ritmo da economia; numa economia "*just in time*", este executivo tornou-se um indivíduo "*just in time*", um produto de duração efêmera, do qual a empresa se esforça em comprimir cada vez mais o ciclo

---

[13] Nesta análise do novo relacionamento do executivo com o tempo, aproveitamos as reflexões perspicazes de Nicole Aubert em AUBERT, Nicole, *Le culte de l'urgence, la société malade du temps*, Paris, Champs, Flammarion, 2003, Introduction.

de concepção e o prazo de validade para atingir uma rentabilidade imediata e, em caso de esgotamento, uma rotação rápida. Esta urgência não é simplesmente um dado externo: ela foi introjetada por alguns executivos que precisam desta nova forma de droga para ter a impressão de existir intensamente! Para outros, a perda do vínculo social, um trabalho carente de sentido e sem resultados tangíveis, levam a uma indiferença amarga e triste. Em outros casos, o clima de pressão e urgência acaba levando à histeria e corrói os indivíduos e seus relacionamentos pessoais.

O desenvolvimento tecnológico, bem como os métodos de gestão a ele associados levaram também ao aparecimento de novos riscos chamados os "riscos temporais". Nas tecnologias complexas e sensíveis (por exemplo o nuclear ou a biotecnologia), o ser humano encontra-se diante de horizontes temporais que escapam a seu controle, o que pode gerar situações incontroláveis e arriscadas. Mais radicalmente ainda, a compressão do tempo torna a possibilidade de voltar atrás, para corrigir eventuais erros e danos, quase impossível, o que pode tornar catastrófico qualquer erro de gestão nas organizações. Para os "homens-presente"[14] então, a busca do sentido da própria existência, que se desenvolvia antigamente durante uma vida inteira, se transformou numa demanda de "bem-estar" aqui e agora. Tudo isso contribui para desenhar uma sociedade imediatista que compromete sua capacidade de enfrentar o futuro. Assim, forma-se um retrato paradoxal do executivo hipermoderno:

– de um lado, o homem instantâneo que vive no ritmo do próprio desejo e pensa ter abolido o tempo, indivíduo "por excesso", conquistador, mestre de sua performance e empreendedor da própria vida;

– do outro, um homem afundado no aqui e agora da urgência e da instantaneidade, indivíduo "por defeito", cuja exis-

---

[14] Segundo a expressão de Zaki Laïdi, citada por Aubert. Op. cit., p. 27.

tência é o único bem e que somente consegue submeter-se ao tempo sem conseguir nele inscrever um projeto pessoal.

Entre o indivíduo adaptado que curte a velocidade das informações e do ritmo de vida atual e o indivíduo pulverizado pela mesma velocidade e pelo mesmo ritmo de vida, existem poucos vínculos.

A gestão hipermoderna é um sistema de organização do poder. Atrás de uma aparente neutralidade existem alguns fundamentos e algumas características que devem ser entendidas. Entre as cúpulas gerenciais cada vez mais submetidas à pressão dos acionistas e a direção executiva que tenta inventar mediações, no meio de lógicas contraditórias, o poder gerencial se confunde. Torna-se difícil identificar de fato a distância crescente entre, de um lado, os sistemas de organização em rede, transnacionais e virtuais e, do outro lado, os indivíduos encarregados de pôr tudo isso para funcionar. À abstração do capital responde à flexibilidade e à instabilidade do trabalho. Entre os dois, o corpo gerencial procura produzir normas e regras.

Embora com aparência objetiva, operacional e pragmática, a gestão hipermoderna é uma ideologia que traduz as atividades humanas em indicadores de performance, em custo e benefício. Indo buscar nas ciências exatas uma cientificidade que elas não conseguiram conquistar por si sós. As ciências da gestão servem para dar suporte ao poder gerencial hipermoderno, legitimando um pensamento objetivista, utilitarista, funcionalista e positivista.[15] Elas constroem uma representação do humano como recurso dentro da empresa, contribuindo com sua instrumentalização.

Rompendo com a tomada de consciência da precariedade do conhecimento e da fragilidade do processo de construção das relações humanas que caracterizam a reflexão pós-moderna, a gestão hipermoderna é uma mistura de prescrições racionais

---

[15] Esta análise está desenvolvida detalhadamente em DE GAULEJAC, Vincent, *La société malade de la gestion, idéologie gestionnaire, pouvoir managérial et harcèlement social*, Paris, Éditions du Seuil, 2005.

e precisas, de ferramentas de medição sofisticadas, de técnicas de avaliação objetivas, mas também de prescrições irracionais e irrealistas, de ferramentas de medição inaplicáveis que podem levar a julgamentos arbitrários. Contudo, esta primazia da racionalidade instrumental se desenvolve num universo cada vez mais paradoxal. O poder *managerial* mobiliza a psique sobre objetivos de produção, operacionaliza um conjunto de técnicas que captam os desejos e as angústias para colocá-los a serviço da empresa e transforma a energia das pessoas em força de trabalho, o que pode enclausurar os indivíduos num sistema paradoxal que os conduz a uma submissão livremente consentida.

A gestão hipermoderna prefere a adesão voluntária à sanção disciplinar, a mobilização à coerção, a responsabilidade ao controle. A força deste modelo se enraíza em um sistema de valores que favorece o engajamento individual no qual a busca do lucro está acoplada a um ideal. O trabalho deve tornar-se o lugar da autorrealização de todos, dos colaboradores bem como dos clientes, no respeito às comunidades em que estão inseridas as organizações. Projeto e ideal estão juntos porque desde Max Weber, entende-se que os homens trabalham para a própria salvação além de querer dinheiro! Esta captação do ideal do Eu de cada indivíduo não se efetua automaticamente: é preciso que os valores individuais não estejam por demais afastados dos da organização. É preciso efetuar um alinhamento da personalidade dos candidatos às expectativas da organização. Procuram-se executivos vencedores, não dóceis mas capazes de ser bem-sucedidos e prontos para se dedicar de corpo e alma à empresa.

Duas outras qualidades são exigidas: o gosto para a complexidade e a capacidade de viver num mundo paradoxal porque o mundo da empresa é cada vez mais contraditório. No dia a dia, o executivo tem de atender demandas, todas elas urgentes e muitas vezes umas em contradição com as outras. É preciso, portanto, negociar, discutir, ponderar, surfar entre lógicas funcionais que devem ser levadas em conta simultaneamente porque todas são importantes para o bom andamento do conjunto, embora possam se opor até o ponto de ser, às vezes, incompatíveis. O executivo precisa, às vezes, suportar um universo contraditório sem cair na loucura! O menor dos paradoxos é que se exige que ele seja autônomo em um mundo hiperdeterminado, criativo em um mundo hiper-racional, e que ele consiga obter de seus colaboradores que eles se submetam livremente a esta ordem. A empresa propõe ao executivo hipermoderno satisfazer sua vontade de onipotência e autorrealização em troca de uma adesão total e de uma mobilização psíquica intensa.

Em resumo, se a modernidade se caracterizava pela primazia da razão, se a pós-modernidade se caracterizava pela crise da inteligência em reconhecer sua capacidade de fazer grandes narrativas, a hipermodernidade é um mundo no qual a racionalidade implacável das tecnologias conduz a uma irracionalidade radical dos comportamentos. De um lado, o triunfo da racionalidade instrumental, do outro lado, um mundo que não faz mais sentido e parece dominado pela incoerência e pelo paradoxo.

CAPÍTULO 9

A PERFEIÇÃO COMO EXCELÊNCIA E LUTA PELO RECONHECIMENTO

Nos ideais grego, cristão e moderno o conceito de perfeição parecia aplicar-se mais ao ser e designava qualidades intrínsecas, que eventualmente podiam ser reconhecidas, ou invejadas, pelos outros. Na vida executiva, porém, o conceito de perfeição sofre uma mudança radical e se caracteriza pelo "fazer melhor do que os outros" para poder chegar ao topo. Segundo Tom Peters e Robert Waterman,[1] a perfeição, rebatizada de excelência, vira um valor supremo: a excelência é a expressão de um modo novo de se posicionar na sociedade. Num mundo empresarial moldado pela tecnologia, pela produção em massa e pela velocidade da comunicação, a excelência identifica-se mais com o resultado imediato de um trabalho do que com um valor mais profundo e duradouro: basta ver a velocidade de surgimento e de desaparecimento de novos produtos, principalmente na área de tecnologia, bem como a velocidade da ascensão e da queda dos executivos de sucesso! Assim, a excelência passa de um conceito próximo e quase sinônimo de perfeição, qualidade intrínseca do que é bom em si e resiste ao tempo, para o significado de algo que sobressai momentaneamente, mas que sempre po-

---

[1] PETERS, Thomas J., WATERMAN JR, Robert H., *Vencendo a crise, como o bom--senso empresarial pode superá-la*, São Paulo, Editora Harbra Ltda., 1986.

derá ser questionado por uma excelência maior, um resultado mais importante e um feito ainda mais prodigioso. Excelência torna-se sinônimo também de efêmero. Exceler é portanto vencer os outros, mas também vencer a si mesmo: é a expressão suprema do individualismo porque fundada sobre a reivindicação de uma autonomia individual absoluta; é um fim em si e o sinônimo da única realização pessoal que possa ser proposta quando as hierarquias sociais tradicionais, sejam elas econômicas, políticas ou religiosas, são questionadas. Essas tentativas de superação pessoal e esta noção de excelência podem às vezes parecer uma busca para preencher o vazio da transcendência e construir um outro absoluto, que seria absoluto de si mesmo. Quem o persegue pode ser condenado como Narciso ou a rainha da Branca de Neve, a mirar-se para sempre no próprio espelho.[2]

"É também a mensagem que empregados do mundo todo têm recebido da mídia, dos consultores, dos gurus da administração e das próprias empresas. Uma mensagem que diz claramente 'Cuide de você próprio', e exatamente assim é interpretada. O raciocínio de lealdade que permeia as atitudes dos profissionais atualmente é o seguinte: 'Vou pensar muito mais em mim e em minha carreira do que na empresa. Vou me preocupar com minhas habilidades e tratar de fazer com que elas sirvam para qualquer empresa. Vou me valorizar aqui para obter uma colocação melhor em outro lugar'."[3]

Francis Fukuyama, na quinta parte de seu livro, *The end of history and the last man*,[4] parece reforçar este conceito considerando que o liberalismo, o maior fenômeno histórico dos

---

[2] O professor Sigmar Malvesi usa muito esta metáfora que tomo a liberdade de emprestar! Aliás muito devo às reflexões deste extraordinário professor.
[3] BERNARDI, Maria Amália, O capital humano, reter e atrair talentos tornou-se uma questão de vida ou morte para as empresas, *Exame*, 31 (647): 125, 22 de outubro 1997.
[4] FUKUYAMA, Francis, *The end of history and the last man*, New York, Avon Books, Inc., 1992, p. 288ss.

últimos séculos, deve ser entendido em sua essência como mais uma manifestação da luta pelo reconhecimento. Embora as sociedades liberais tenham perseguido o ideal de uma sociedade onde as barreiras contra as desigualdades fossem derrubadas, o autor, seguindo o pensamento de Nietzsche, afirma que a verdadeira liberdade ou criatividade só surgirá do desejo de ser reconhecido como melhor do que os outros. Assim, o grande paradoxo é que, numa democracia liberal, que não pode renunciar a seu ideal de igualdade, a primeira e mais importante manifestação da verdadeira liberdade e da criatividade é a capacidade empreendedora e as outras formas de atividade econômica. Ser perfeito equivaleria, então, a ser diferente e reconhecido como tal por causa do sucesso alcançado, o que acaba significando ser competitivo e ganhador. De novo a pesquisa da *Exame* sobre o perfil dos jovens executivos apresenta ilustrações interessantes:

> "A lealdade à empresa está morta. Em compensação, ele (o jovem executivo) trabalha como ninguém pelo sucesso da companhia, porque identifica este como o melhor caminho para seu próprio sucesso. Ele não trabalha mais com a velha perspectiva de uma carreira de 35 anos. Seu cálculo é de 10 anos de sacrifício e dedicação, para depois colher os frutos do trabalho. Ele não admite ficar muito tempo fazendo o mesmo trabalho. Mas quer ficar tempo suficiente para imprimir sua marca pessoal. Ele se reconhece como o tubarão no mar corporativo e sabe que, como os tubarões, se parar de nadar, não consegue respirar. Quer formação contínua, quer aprender e ensinar. Acredita que terá de competir em breve com gente ainda mais preparada, mas incentiva o crescimento dos rivais porque vê neles o sustento para seu próprio crescimento".[5]

Aubert e Gaulejac encontram duas fontes para esse conceito de excelência: a ética do protestantismo exposta por

---

[5] COHEN, David, As empresas vão ser deles, *Exame* 31 (661): 106-107, 6 de maio 1998.

Weber[6] e o movimento de busca pela qualidade total, muito forte nas empresas nos anos 80.[7] O espírito capitalista, influenciado pela ética protestante, combina um desejo de acumular sempre mais com uma austeridade de comportamento próxima do ascetismo, o que causa uma vontade de produção indefinida. O empreendedor capitalista, longe de querer tirar proveito pessoal da própria riqueza, considerava como ganho o fato de ter feito bem seu dever e de ter cumprido a própria vocação, porque no sucesso temporal ele encontrava um sinal da eleição divina e superava a angústia da incerteza da salvação. A importância econômica dessa atitude ética é clara: trabalhar racionalmente em vista do lucro, sem gastar este lucro, é uma conduta necessária ao desenvolvimento do capitalismo, porque permite um contínuo reinvestimento do lucro não consumido. Ética pessoal e trabalho dedicado são extremamente ligados, porque sucesso profissional e salvação pessoal pertencem ao mesmo registro: trabalhar e ser o melhor visam a afastar a angústia existencial.

A busca pela qualidade total e o defeito zero na fabricação dos produtos, marcos dos anos 80 na vida das empresas, correspondem à necessidade, mais estritamente econômica, de enfrentar a concorrência cada vez mais forte. Essa concorrência é fruto da globalização da economia e da inversão da relação oferta-procura por causa da entrada no mercado das novas economias industrializadas, o que tornou a demanda dos consumidores mais exigente.[8] Peters e Waterman[9] listam os oito atributos que permitirão que as empresas inovadoras e de alto padrão consigam enfrentar a concorrência: uma firme disposição para agir, estar ao lado e junto do cliente,

---

[6] WEBER, Max, *A ética protestante e o espírito do capitalismo,* São Paulo, Livraria Pioneira Editora, 8ª edição, 1994.
[7] AUBERT, Nicole, DE GAULEJAC, Vincent, *Le coût de l'excellence,* Paris, Éditions du Seuil, 1991.
[8] AUBERT, GAULEJAC, op. cit., p. 83-84.
[9] Op. cit., p. 15-17.

demonstrar autonomia e iniciativa, obter a produtividade através das pessoas, trabalhar orientada por valores, trabalhar num negócio conhecido, ter uma organização interna simples e ser flexíveis e adaptáveis. Quando explicam o que significa estar ao lado e junto do cliente, falam da obsessão pela qualidade que implica uma mobilização total dos indivíduos, não só física e afetiva, mas também psíquica. A ideia de qualidade, principalmente quando a ela se acrescenta o adjetivo "total", parece referir-se a um mundo de perfeição e de excelência que lembra o mundo da pureza, sem defeito (defeito zero), no qual cada um cumprirá perfeitamente a própria tarefa. Por isso, ela tem um forte apelo e provoca o consenso e a adesão. Contudo, é também a razão pela qual ela acaba decepcionando e desencantando, quando da volta à realidade! A perfeição e a qualidade são sempre relativas porque o erro é sempre possível, os conflitos são inerentes à sociedade e o ser humano é fundamentalmente ambivalente. Afinal, o ideal esbarra no real como o desejo esbarra no desejo dos outros!

A empresa torna-se o lugar de canalização das energias que devem ser controladas por uma autoridade e integradas aos sistemas e às competências para que a empresa possa atingir seus objetivos. Assim a busca pessoal da excelência derivada da ética protestante, que concebia o trabalho dedicado e o sucesso temporal como o sinal da salvação pessoal eterna, está agora ligada ao horizonte temporal da existência individual e impregnada dos valores de agressividade e de competição necessários à lógica da sobrevivência nesta disputa econômica e profissional cada vez mais acirrada.

"Sim, a vida está ficando dura e, para complicar, parece certo que as situações descritas acima vão continuar no horizonte por tempo indefinido. Dentro dessa panela de pressão, nada mais natural que o executivo se pergunte: até que ponto meu emprego está seguro? (...) Hoje, a crise vem de fora para dentro do escritório. Feliz ou não com aquilo que está fazendo, o executivo vê que seu emprego, cada vez mais, passa a depender de forças que não estão sob seu controle, ou mesmo sob o controle de seus superiores na empresa."[10]

A busca de uma excelência traduzida em qualidade dos produtos oferecidos ao consumidor não livrou as empresas da ameaça de uma guerra econômica total e obriga-as a enfrentar o caos ou os terremotos da atualidade, para continuarem sendo vencedoras.

> "Era uma vez um mundo perfeito. Os bens duráveis duravam a vida inteira, os casais ficavam juntos até que a morte os separasse, as grandes empresas sustentavam seus funcionários para sempre, as crianças ficavam quietas na hora do jantar. Talvez não se soubesse direito para onde se ia, mas ia-se com passos firmes, subia-se degrau após degrau após degrau e as palavras-chave eram paciência e segurança. O mundo corporativo era um mundo sólido: carreiras sólidas em empresas sólidas, caminhos asfaltados e obstáculos de concreto. Como qualquer mundo perfeito, este era um mundo chato, aborrecido, mas era um mundo cheio de referências: o tamanho da sala, o nome do cargo, o diploma na parede... Até que um dia veio o terremoto da modernidade, e o mundo corporativo teve de se curvar à veracidade do diagnóstico de (quem diria?) Karl Marx: 'Tudo que é sólido desmancha no ar, tudo que é sagrado é profanado, e os homens são finalmente forçados a enfrentar com sentidos mais sóbrios suas reais condições de vida e sua relação com outros homens'."[11]

Por isso, surgiu uma nova necessidade para que as empresas possam sobreviver: a capacidade de adaptar-se à mudança porque, segundo Tom Peters, "a mudança é e deve tornar-se

---

[10] BERNARDI, Maria Amália, seu emprego está seguro? Bem-vindos, senhores executivos, ao império da incerteza, *Exame*, 30 (610): 25-26, 22 de maio 96.
[11] COHEN, David, As empresas vão ser deles, *Exame* 31 (661): 105-106, 06 de maio 1998.

a norma".[12] A vida empresarial enfrenta vários paradoxos: a mudança produz a mudança e a ação continuada é o melhor antídoto à incerteza produzida... pela ação! A inovação permanente garante a sobrevivência, portanto, a estabilidade! O fracasso garante o sucesso e o sentimento de urgência permanente é o alicerce da serenidade! O "jeitinho" e o empirismo são conceitos estratégicos chaves e deve-se desconfiar de teorias, de conceitos, de diplomas, de peritos e de muita papelada; a adesão ao projeto empresarial é mediada pela visão inspiradora do líder; finalmente, cultuam-se o herói e o campeão que devem possuir a energia, a paixão, o idealismo, o pragmatismo, a flexibilidade, uma impaciência desmedida, a recusa de considerar os obstáculos e a impassibilidade diante dos sentimentos de amor-ódio que desperta em seus colaboradores. O livro de Peters é um catálogo de injunções e prescrições: "Tem de..." É o tom e o gênero literário adotados nos discursos motivacionais que tentam fazer surgir muitos desses heróis profetizados por Peters.

O EXECUTIVO COMO HOMEM DA VISÃO E DO CONHECIMENTO

Se as empresas e os executivos devem sobreviver e ter sucesso num mundo submetido à mudança permanente, um dos critérios de excelência será o desenvolvimento de uma visão capaz de enxergar para onde está evoluindo a economia dirigida pelo mercado e como tirar partido das oportunidades oferecidas pelo caos aparente. O que se entende por visão? É o que permite entender o cenário competitivo e formular a missão, a estratégia e os objetivos da empresa.

---

[12] PETERS, Tom, *Le chaos management, Manuel pour une nouvelle prospérité de l'entreprise*, Paris, Interéditions, 1988 (traduzido em português por *Prosperando no caos*, pela editora Harbra de São Paulo, e já esgotado) citado em AUBERT, GAULEJAC, op. cit., p.100.

Quando se busca uma reflexão mais teórica sobre a evolução da sociedade e o papel que nela desempenham as empresas e os executivos, não se pode deixar de ouvir Peter Drucker, muitas vezes chamado de "mais importante guru de negócios de nossa época" e de "profeta":[13]

> "Na nova geografia mental criada pela ferrovia, a humanidade dominou a distância. Na geografia mental do comércio eletrônico, a distância foi eliminada. Existem apenas uma economia e um mercado. Uma consequência disso é que toda empresa precisa se tornar competitiva em nível global, mesmo que produza ou venda apenas dentro de um mercado local ou regional. A concorrência já deixou de ser local. Na verdade, não conhece fronteiras. Toda empresa precisa tornar-se transnacional na forma de ser administrada".[14]

Portanto, os maiores produtores de riqueza passam a ser a informação e o conhecimento, o que modifica os critérios antigos de fazer negócio porque não há evidências de que o aumento de consumo ou de investimento na economia gerem maior produção de conhecimento. Faz-se, portanto, necessária uma teoria econômica que coloque o conhecimento no centro do processo de produção de riqueza para poder explicar por que recém-chegados, em especial indústrias de alta tecnologia, podem varrer o mercado quase da noite para o dia e expulsar todos os concorrentes. A consequência mais imediata é que os executivos devem voltar para a escola não para aprender novas habilidades mas para adquirir uma nova visão de mundo:

---

[13] DALY, James, O mais importante guru de negócios da nossa época diz o que há de errado (e o que está certo) com a Nova Economia, *Exame* 34 (727): 120, 15 de novembro 2000.

[14] DRUCKER, Peter, Comércio Eletrônico, O futuro já chegou, O maior pensador contemporâneo do mundo dos negócios desvenda a nova economia, *Exame*, 34 (710): 118, 22 de março 2000.

"Falando em termos mais simples, está aumentando entre as pessoas que já têm alto nível de instrução e ótimo desempenho profissional a percepção de que não estão conseguindo manter-se em dia com as mudanças. Em meu curso avançado de administração, na Claremont Graduate School, já leciono para muitos executivos de alto escalão. A maior parte dos alunos é formada por homens e mulheres na casa dos 40 anos, apontados por suas respectivas empresas como pessoas de alto potencial. Eles voltaram a estudar porque querem e precisam encontrar novas maneiras de enxergar o mundo, fora de suas áreas de competência. Querem aprender a ter uma visão mais global. Muitos estão lá para refletir sobre suas experiências e enxergá-las de uma perspectiva mais ampla. Eles precisam dessa perspectiva para lidar com as mudanças econômicas e tecnológicas atuais, diante das quais estão perplexos. (...) A que se deve essa explosão de demanda? Vivemos numa economia cujos recursos mais importantes não são instalações e máquinas, mas conhecimento, e onde os trabalhadores do conhecimento compõem a maior parte da força de trabalho. (...) Os trabalhadores sempre tiveram a necessidade de desenvolvimento da capacitação, mas conhecimento e habilidades são coisas distintas. As habilidades demoram muito a mudar. Se Sócrates voltasse ao mundo e retomasse seu trabalho de pedreiro, reconheceria todas as ferramentas usadas hoje e saberia como usá-las".[15]

Segundo Drucker, existem três novos tipos de conhecimento: aperfeiçoamento, exploração e inovação. Estas três maneiras de se aplicar o conhecimento para a produção de mudanças na economia (e também na sociedade) precisam ser desenvolvidas em conjunto e ao mesmo tempo, embora suas características econômicas – custos e impactos – sejam qualitativamente diferentes. Ao menos, até o momento, não é possível quantificar o conhecimento, principalmente por-

---

[15] DRUCKER, Peter, Para o maior pensador do mundo dos negócios, a principal revolução trazida pela Internet será o ensino a distância para adultos, *Exame*, edição 34 (716): 64-65, 14 de junho 2000.

que sua abundância não é tão importante quanto sua produtividade, isto é, seu impacto qualitativo.

"A função das organizações é tornar produtivos os conhecimentos. As organizações tornaram-se fundamentais para a sociedade em todos os países desenvolvidos, devido à passagem do conhecimento para conhecimentos."[16]

Tornar o conhecimento produtivo é uma responsabilidade gerencial que requer a aplicação sistemática e organizada do conhecimento ao próprio conhecimento! Ele não é impessoal: está sempre incorporado a uma pessoa, criado, ampliado ou aperfeiçoado, aplicado, ensinado e transmitido por ela, sendo por ela usado para o bem ou para o mal. Portanto, o maior desafio para as empresas será saber lidar com esses trabalhadores do conhecimento:

"Aquilo que chamamos de Revolução da Informação é, na realidade, uma revolução do conhecimento.(...) Isso significa que a chave para manter a liderança na economia e na tecnologia que estão prestes a emergir provavelmente será a posição social dos trabalhadores do conhecimento e a aceitação social de seus valores.(...) Hoje, porém, estamos tentando ficar em cima do muro: manter a mentalidade tradicional – na qual o recurso-chave é o capital e quem manda é o financista – e, ao mesmo tempo, subornar os trabalhadores do conhecimento, com bônus e opções de compra de ações – para que se contentem em continuar sendo meros empregados. Mas isso vai funcionar, se é que vai, apenas enquanto as indústrias emergentes desfrutarem da explosão no mercado acionário, como vem sendo o caso das empresas ligadas à Internet. (...) Cada vez mais, o desempenho dessas novas indústrias baseadas no conhecimento vai depender de as instituições serem administradas de maneira a atrair, reter e motivar os trabalhadores do conhecimento. Quando satisfazer a cobiça de tais

---

[16] DRUCKER, Peter, *Sociedade pós-capitalista*, São Paulo, Ed. Pioneira Novos Umbrais, 1994, p. 28.

trabalhadores, como hoje estamos tentando fazer, deixar de ser suficiente, será preciso atender seus valores e oferecer-lhes reconhecimento e poder social. Para isso, será preciso transformá-los de subordinados em colegas executivos. De empregados, por mais bem pagos que possam ser, em sócios".[17]

A pessoa instruída de amanhã terá de estar preparada para viver em um mundo que é ao mesmo tempo global e tribal. Ela deverá tornar-se uma "cidadã do mundo" – em visão, horizonte e informação – e deverá recorrer a outras culturas, enriquecendo a sua própria. Em sua maioria, as pessoas instruídas irão praticar seus conhecimentos como membros de organizações. Portanto, elas terão de estar preparadas para viver e trabalhar simultaneamente em duas culturas – a do "intelectual", que focaliza palavras e ideias, e a do "gerente", que focaliza pessoas e trabalho.

Sendo a empresa moderna formada por especialistas do conhecimento, ela precisa ser uma organização de iguais e não de chefes e subordinados, organizada como uma equipe de associados prontos para mudanças constantes. Sendo da própria natureza do conhecimento a mutabilidade rápida, ao contrário das aptidões que mudam de forma lenta, a inovação intencional – tanto técnica como social – transformou-se em disciplina organizada, que pode ser ensinada e aprendida, razão pela qual toda empresa precisa embutir em sua própria estrutura a gerência da mudança e a capacidade para criar o novo.

> "Como a organização moderna é uma organização de especialistas do conhecimento, ela precisa ser uma organização de iguais, de 'colegas', de 'associados'. Nenhum conhecimento se 'classifica' acima do outro."[18]

---

[17] Idem, Comércio Eletrônico, O futuro já chegou, O maior pensador contemporâneo do mundo dos negócios desvenda a nova economia, *Exame*, 34 (710): 126, 22 de março 2000.
[18] Idem, *Sociedade pós-capitalista*, São Paulo, Ed. Pioneira Novos Umbrais 1994, p. 33.

Os intelectuais veem a organização como uma ferramenta que lhes possibilita a prática da *techné*, de seu conhecimento especializado, ao passo que os gerentes veem o conhecimento como um meio a serviço da produtividade e do desempenho da organização. O orgulho não está na perfeição de um trabalho bem-feito, mas na contribuição do trabalho para o resultado da empresa.

Como essa teoria do conhecimento empresarial voltado a uma função primordialmente instrumental pode influenciar a prática das empresas? Quais seriam as competências que o executivo deveria desenvolver para atingir a excelência do conhecimento? Ele deve primeiro valorizar a intuição:

> "Mais e mais corporações passaram a valorizar a intuição como uma ferramenta profissional – como demonstra a preocupação de medir o potencial de seu capital humano. Num recente levantamento feito pelo respeitado IMD (International Institute for Management Development), com sede na Suíça, 80% dos 1.312 executivos entrevistados em nove países avaliam que a intuição se tornou importante para formular a estratégia e o planejamento empresarial. A maioria (53%) diz que recorre à intuição e ao raciocínio lógico em igual proporção em seu dia a dia. É importante que haja esse equilíbrio. Sem o apoio de análises baseadas em fatos objetivos e dados quantitativos, a intuição frequentemente conduz a decisões equivocadas nos negócios".[19]

Para o autor, a intuição é uma forma de captar informações sem recorrer aos métodos do raciocínio e da lógica e sem opor-se à razão. Ela apenas se situa fora de seus domínios. Depois de entrevistar dezenas de executivos para um estudo a respeito de liderança, os pesquisadores americanos James Kouzes e Barry Posner concluíram que a intuição resulta da mescla do conhecimento com a experiência. Mas vem a pergunta principal: por que valorizar tanto a intuição nos dias de hoje?

---

[19] BLECHER, Nelson, Eurêka, Por que a intuição (e quem sabe lidar com ela) é cada vez mais valorizada no mundo dos negócios, *Exame*, 31 (646): 23, 8 de agosto 1997.

"Por que só agora a intuição está sob os holofotes? Porque, no campo da inovação, as empresas têm de buscar caminhos mais diretos, a exemplo do *walkman*. 'Sem pesquisa alguma, esse pequeno produto mudou literalmente o hábito de ouvir música de milhões de pessoas', diz Morita. As pressões competitivas tendem a reduzir cada vez mais o ciclo de vida dos produtos. (...) Outro motivo para a valorização da intuição: os consumidores também vêm se tornando imprevisíveis".[20]

A intuição é vista como a faculdade que permitirá às empresas queimar as etapas para atender mais rapidamente o mercado e tomar quase instantaneamente as decisões estratégicas:

"Existe outro fator poderoso que explica por que os executivos estão recorrendo cada vez mais à intuição. São as aceleradas mudanças econômicas e tecnológicas, que tornaram as questões demasiadamente complexas. Houve praticamente uma inversão de paradigmas. Considere que, até meados dos anos 80, a maior preocupação das empresas era escolher em que países ou setores deveriam alocar seus investimentos. Tais decisões podiam ser tomadas com base em dados quantitativos previsíveis e nos instrumentos analíticos aperfeiçoados desde o pós-guerra. (...) Antes, essas decisões podiam ser maturadas. Agora, devem ser adotadas de forma quase instantânea. (...) Contar com a intuição tornou-se necessário agora não apenas para dirigentes e planejadores, mas para praticamente todos os escalões da empresa".[21]

Quais são as competências que podem levar o executivo a atingir a excelência na intuição?

"Ao analisar as transformações no mundo do trabalho nesta fase de pós-reengenharia, o consultor americano Michael Hammer detectou a valorização emergente de três novos perfis profissionais. Primeiro: pessoas aptas para iden-

---

[20] Ibid., p. 24-25
[21] Ibid., p. 25.

tificar tendências sem precedentes e com boa noção intuitiva para extrair tendências coerentes de dados conflitantes. Segundo: funcionários com capacidade para pensar além dos limites convencionais. Terceiro: pessoas eficazes em influenciar opiniões e atitudes e persuadir os colegas a se livrarem do familiar e abraçar o incerto. Antes eram favorecidos nas empresas os funcionários eficazes na execução de planos. Daqui para a frente, diz Hammer, a eficácia consistirá em formular as perguntas certas ou responder a elas."[22]

Saber identificar tendências sem precedentes: não só é preciso ser visionário, mas também vidente; extrair tendências coerentes de dados conflitantes pode sugerir a possibilidade de forçar análises para influir sobre determinados cenários. O mais importante: saber influenciar opiniões e atitudes para que os colegas possam entrar no mundo da fé cega abraçando o incerto. A intuição está sendo posta a serviço do projeto corporativo de inserção da empresa no mundo globalizado. Isto nunca pode ser questionado: a intuição tem simplesmente um papel instrumental para adequar as pessoas a um projeto já desenhado e escolhido, qualquer que seja o custo pessoal para cada um. Comparando com o modelo grego, afigura-se uma busca mais parecida com a dos sofistas, com a diferença de que o desenvolvimento da intuição substitui o desenvolvimento de uma razão mais crítica.

A intuição não basta. É preciso desenvolver a genialidade.

> "A genialidade que será relevante para o sucesso estará mais em sua postura pessoal do que em sua capacidade de inventar um produto, fazer uma descoberta científica ou ter um lampejo de inspiração em um momento mágico. Você será considerado genial se souber criar condições favoráveis para que a genialidade se manifeste nas outras pessoas – não só em seu trabalho, mas também na família e na comunidade onde vive. No mundo corporativo do futuro, ser genial será

---

[22] Ibid., 26.

arquitetar e implantar formas de organização capazes de permitir que produtos sejam inventados, descobertas científicas sejam feitas e repentes criativos sejam transformados em vantagem competitiva. Em poucas palavras, ser genial será saber estimular a genialidade dos outros."[23]

O autor continua mostrando que os executivos enfrentarão um desafio muito importante: a gestão da genialidade. Esse é um termo mais apropriado que "gestão do conhecimento", pois é a criatividade que transforma conhecimento em resultado prático. De novo voltamos ao ponto: a excelência do conhecimento se mede pelos resultados que ele permite alcançar. Quem for capaz de estimular esta qualidade nos outros será bem-sucedido.

EXCELÊNCIA E MOTIVAÇÃO

Tivemos oportunidade de ver que não basta trabalhar para atingir a perfeição ou a excelência: é preciso trabalhar com paixão. Não existe porém outra saída no contexto competitivo que estamos analisando: a injunção: "é preciso trabalhar" não basta para obter a qualidade de dedicação necessária à empresa.[24] É preciso substituí-la pelo desejo de sucesso e transformar a obrigação de trabalhar no prazer de jogar e ganhar. Assim o trabalho vira objeto de desejo: o executivo nele encontra seu prazer e o divide com aqueles que aceitam entrar nesse jogo, estabelecendo um laço afetivo com a empresa. Isto não é possível para quem trabalha só por dinheiro:

> "Certamente um grande número de executivos trabalharia muito mais de 12 horas por dia se pudesse, pois suas motivações não se limitam ao conforto financeiro", diz Antonio

---
[23] SOUZA, César, Você é mesmo genial?, *Exame* 33 (693): 82, 28 de julho 1999.
[24] Seguimos a análise de AUBERT, GAULEJAC, op. cit., p. 89s.

Rosa Neto, diretor da Dainet, uma consultoria na área de multimídia e comunicação. "As grandes realizações acabam sendo o objetivo maior e, claro, exigem mais do profissional".[25]

Assim, é melhor não fixar objetivos e produzir a motivação, fazendo com que o executivo entre numa espiral que o levará a produzir bem mais do que se tentasse simplesmente cumprir objetivos preestabelecidos. O trabalho passa então a ser organizado muito mais a partir das capacidades e das competências do executivo do que de metas concretas. Reforços positivos são dados em resposta aos esforços consentidos para que o indivíduo persevere; não se trata tanto de ressaltar o sentimento de participação em algo que possa enobrecer a empresa, a sociedade ou os seres humanos envolvidos no projeto, como vimos nas propostas de perfeição analisadas anteriormente, mas sim, os exemplos de executivos bem-sucedidos que conquistaram mais poder.

"Basicamente, há motivação quando o cenário é muito parecido com o seguinte: a empresa está indo bem, é respeitada no mercado e motivo de orgulho para os funcionários: (...) as pessoas são constantemente desafiadas a fazer mais e melhor e participam ativamente das mudanças; o ambiente (...) propicia espaço para que cada pessoa possa desenvolver todo o seu potencial. (...) A motivação vai muito além do dinheiro".[26]

Depois de mostrar que o dinheiro tem sua importância no processo de motivação, a autora da matéria continua:

"Um papel fundamental, quando se fala em motivação, é exercido por traços individuais de personalidade e, entre eles, o entusiasmo pessoal é decisivo. Francisco dos Santos,

---

[25] BERNARDI, Maria Amália, Manter a pilha acesa, eis a questão!, *Exame*, 26 (568): 104, 12 de outubro 1994.
[26] Idem, Uma questão que vai além do dinheiro, *Exame*, 27 (584): 119, 24 de maio 1995.

gerente de marketing da Antártica, está na empresa há 24 anos. Seu entusiasmo é o mesmo de quando entrou? Não. É maior, segundo ele. 'Sou movido a desafios', afirma. Sua tática para conseguir que as pessoas deem o máximo de si é conhecer a fundo a personalidade de cada um e aplicar a técnica que funciona".[27]

Esta é a excelência: ser movido a desafios e conseguir achar as táticas adequadas para estimular os subordinados a serem desafiados. Portanto, mais pressão, porque uma parada brusca da estimulação, em caso de perda de rendimento no trabalho, significa menos prazer e um sentimento negativo em relação a si mesmo: para reencontrar o prazer, fruto da recompensa de um bom desempenho, e para escapar a uma baixa da autoestima, o executivo procurará imediatamente melhorar seu rendimento, porque está condenado a ter sucesso! O prazer e a afetividade não estão ausentes do processo: assim, segundo uma outra executiva citada na mesma matéria:

> "Para Deia, outro forte fator de motivação são as relações de amizade no trabalho: 'A Antarctica é uma casa de afetividade e receptividade. Nesse pouco tempo aqui consegui fazer grandes amigos'. Diz ela".[28]

Portanto, este jogo, no qual tudo é permitido desde que se aceitem suas regras, oferece a partilha do prazer de ganhar e muito se parece com uma competição esportiva. As sanções são reservadas àqueles que se recusam a jogar, que se situam fora do quadro ou que desviam as regras do jogo para outros objetivos. A recusa de entrar na competição é considerada como dissidência ou heresia e deve ser sancionada imediatamente, sem recurso possível. Do paraíso sai-se para o inferno

---

[27] Ibid., p. 120.
[28] Ibid., p. 121.

e entra-se no conflito permanente, pois quem renunciou à luta, ao jogo, ao desejo de ganhar é perdido para a organização, mesmo que ganhe uma sobrevida institucional, sendo transferido para uma área improdutiva, até que ele mesmo resolva excluir-se do sistema.

Essas regras do jogo devem ser assimiladas para permitir a adesão ao sistema, cuja pressão fará com que o executivo entre no processo dinâmico de mobilização total de suas energias. Como isto é concretamente possível? Existem dispositivos explícitos que a empresa usa para chegar a este fim.[29] A formação interna, onde são transmitidos os princípios fundadores, os valores principais da organização e os elementos da cultura da empresa, e onde são sugeridos os comportamentos esperados. Os sistemas formais de avaliação refletem uma exigência qualitativa, além da aferição quantitativa dos resultados: reforçam, assim, a exigência de superação permanente decorrente do princípio de excelência. As recompensas monetárias ou a participação acionária permitem integrar cada vez mais os objetivos pessoais do executivo com os objetivos da organização: é a teoria do ganha-ganha.

> "Importante também, em termos de motivação, é estabelecer um compromisso entre os funcionários e o futuro da empresa. No Citibank, uma das fórmulas encontradas foi a venda de ações do banco.(...) Isto não quer dizer, apenas, que as pessoas que trabalham acreditam na empresa. Quer dizer também que elas vão lutar para aumentar a rentabilidade do banco. 'É a típica situação em que há só vencedores.' Afirma Herbert Steinberg, diretor corporativo de RH no banco."[30]

Os sinais de reconhecimento não financeiros reforçam também essa busca da excelência: segundo Peters, os pesqui-

---

[29] GAULEJAC, op. cit., p. 127s.
[30] BERNARDI, Maria Amália, Uma questão que vai além do dinheiro, *Exame*, 27 (584): 121, 24 de maio 1995.

sadores que estudam o fenômeno da motivação chegaram à conclusão que seu fator principal está no fato de as pessoas perceberem que estão agindo certo, mesmo não tendo o respaldo de um fator objetivo de avaliação![31] Existem também dispositivos implícitos: a lógica do "sempre mais" deve fazer com que o executivo consiga entender as exigências implícitas, o não dito. Isso também gera angústia para quem acha que nunca fez o suficiente.[32] Mas, mesmo para quem sempre esteve no jogo, motivado e dedicado, existe o fim:

> "O problema para os executivos é que as empresas não querem mais saber deles. Em seus últimos anos de casa os futuros aposentados deixam de ser contemplados com treinamento ou reajustes de salários. E mudar de emprego nessa fase, nem pensar. Primeiro porque o executivo pode estar jogando fora o plano de aposentadoria. Segundo, porque não há muitas vagas para quem chega a essa idade. 'A partir dos 50 anos só há colocações para quem disputa altos cargos', diz o *headhunter* Juraci de Andrade, sócio do escritório de São Paulo da americana Ward Howell. A Du Pont tenta minimizar o problema ao permitir que seus executivos usem parte de seu tempo numa atividade paralela nos anos anteriores à aposentadoria".[33]

Um elemento suplementar de análise é oferecido por Richard Sennett[34] que, analisando a deriva do sonho americano devido à precariedade das carreiras, ela mesma consequência da flexibilidade e da mobilidade das condições de empregabilidade no novo capitalismo, onde não existe longo prazo,

---

[31] PETERS, Tom, *Vencendo a crise*, p. 67.
[32] AUBERT, GAULEJAC, op. cit., p. 128. Esta ansiedade e esta inquietude estão amplamente confirmadas em conversas informais com meus alunos que cursam o MBA.
[33] GOMES, Maria Tereza, A difícil hora de parar, *Exame* 30 (615): 60, 31 de julho 1996.
[34] SENNETT, Richard, *A corrosão do caráter, consequências pessoais do trabalho no novo capitalismo*, Rio de Janeiro, Editora Record, São Paulo, 1999.

mostra como os executivos desenvolvem a estranha capacidade de assumir responsabilidades por fatos que transcendem totalmente seu controle: por exemplo, assumir a liderança de processos de mudança, cujas causas e consequências estão fora de sua alçada. A essência de sua perfeição ética estaria em sua força de vontade para assumir as consequências de fatos que não provocaram, sem nunca reclamar e carregando uma culpa que não existe. É o contrário do mau chefe, assim retratado:

> "Identificar o mau chefe é sempre uma prioridade. No ambiente competitivo que impera atualmente dentro de todas as empresas, aqui e em qualquer lugar do mundo, que organização pode se dar ao luxo de ter em cargos de chefia pessoas que estão mais preocupadas consigo mesmas? Que nada fazem para incentivar a integração e o trabalho em equipe? Que não são capazes de colocar os interesses da equipe acima de seus próprios? (...) É urgente, pois, identificar o mau chefe. Neste exato momento ele pode, além de tudo, estar impedindo que ocorram mudanças em sua empresa. Alguém conhece maneira mais eficaz de ficar para trás?"[35]

A autora da matéria enumera, a seguir, as "qualidades" do mau chefe: centralizador, de difícil acesso, gerador de trabalho, inútil, simulador de atividades, pequeno tirano, desmotivador, não investe no desenvolvimento das pessoas, burocrático, não acompanha mudanças, não cumpre o papel de conselheiro, apresenta defeitos de atitude. Parece o contrário do que se espera numa empresa moderna.

Existe, contudo, uma contradição. Segundo Sennett, por causa das superficialidades da sociedade atual, a moderna ética do trabalho concentra-se no trabalho em equipe, onde os grupos tendem a manter-se juntos, ficando na superfície das coisas: a ênfase na flexibilidade e na abertura à mudança não

---

[35] BERNARDI, Maria Amália, Identifique o mau chefe, *Exame* 29 (612): 128, 19 de junho 1996.

privilegia traços de caráter como previsibilidade e confiabilidade. Surge então a ficção de que trabalhadores e chefes não são antagonistas: em vez de chefe, existiria um líder que administraria o trabalho de seus funcionários. Coordenando o processo de realização das tarefas do grupo, coloca-se numa posição tal que, não poucas vezes, deixa que o ônus das tarefas recaia sobre os ombros dos membros da equipe, evitando assim chamar para si a responsabilidade. Portanto, ele, de fato, exerce um poder, mas exime-se de arcar com o ônus da autoridade. Fugindo do figurino autoritário, consegue escapar de ser responsabilizado por seus atos. O discurso do trabalho em equipe, por seu foco no momento imediato e por sua fuga à resistência e ao confronto, torna-se útil no exercício da dominação. Assim, o líder que declara que todos são vítimas da época e das mudanças necessárias dominou a arte de exercer o poder sem ser responsabilizado. E Sennett conclui:

> "Em lugar do homem motivado, surge o homem irônico. Ricardo Rorty escreve, sobre a ironia, que é um estado de espírito em que as pessoas jamais 'são exatamente capazes de se levar a sério, porque sempre sabem que os termos em que se descrevem estão sujeitos a mudança'. (...) Uma visão irônica de si mesmo é a consequência lógica de viver no tempo flexível, sem padrões de autoridade e responsabilidade. (...) Tampouco a ironia estimula as pessoas a contestar o poder".[36]

Existe, evidentemente, o outro lado. Segundo David C. Korten,[37] muitos executivos enfrentam conflitos crescentes entre seus valores pessoais e aquilo que suas funções na corporação lhes exigem. É uma afirmação extraordinária a de que os profissionais mais privilegiados e mais bem pagos do mundo necessitem de bônus de milhões de dólares para senti-

---

[36] SENNETT, op. cit., p. 138.
[37] KORTEN, David C.: *Quando as corporações regem o mundo*, Editora Futura 1996.

rem-se motivados a fazer seu trabalho. Na realidade, segundo ele, devem receber tais somas para se ter certeza de que colocarão os interesses de curto prazo dos investidores acima de todos os outros interesses que poderiam sentir-se tentados a levar em conta – como os dos funcionários, da comunidade e até da viabilidade da própria corporação a longo prazo. É uma outra visão da mudança permanente para fugir do caos!

> "Os gerentes que haviam sido treinados para construir agora são pagos para destruir. Eles não contratam; eles demitem. Não gostam de suas novas funções, mas a maioria chegou a compreender que isso não vai mudar. Essa conscientização torna diferente a rotina: o trabalho não mais revigora; ele esgota. Nessas circunstâncias parece até imoral considerar o trabalho prazeroso. Assim eles se tornam mal-humorados e cautelosos, temendo ser varridos para longe na próxima onda de demissões. Entretanto, eles trabalham mais arduamente e por mais tempo para compensar a labuta daqueles que partiram. A fadiga e o ressentimento começam a acumular-se."[38]

Ao contrário dos especuladores financeiros, que transferem bilhões de dólares por todo o mundo, usando terminais de computadores alheios à realidade humana, os gerentes de companhias que produzem coisas reais lidam diariamente com seres humanos. Cabe a eles responder à exigência de maior "eficiência", impondo a seus antigos amigos e colegas uma experiência quase tão devastadora quanto a perda de um ente querido. O jovem profissional é insistentemente aconselhado a planejar o curso da carreira sem vínculos com sua empresa, a elaborar seu currículo e procurar seus contatos externos de forma a estar pronto a mudar-se quando surgir uma nova oportunidade ou quando a empresa o abandonar. Conselho para os jovens em início de carreira: trate cada emprego como se você fosse autônomo. Numa economia que mede

---

[38] "Os chefes exaustos", em *Fortune* 24 julho 1994, citado por Korten.

o desempenho em termos de criação de dinheiro, as pessoas tornam-se a principal fonte de ineficiência – e a economia está livrando-se delas mais que depressa. Quando as instituições monetárias governam o mundo, talvez seja inevitável que os interesses do dinheiro tenham prioridade sobre os interesses das pessoas. O que estamos experimentando poderia ser descrito satisfatoriamente como um caso do dinheiro colonizando a vida. Aceitar esta distorção absurda das instituições e dos objetivos humanos deveria ser considerado nada menos do que um ato coletivo e suicida de insanidade. Entretanto, não é um fenômeno inteiramente novo: poderíamos entender melhor sua natureza e suas consequências considerando as dimensões religiosas embutidas no modelo.

CONCLUINDO ESTA PARTE...

Podemos, agora, retomar as perguntas de Passmore: existe alguma tarefa na qual o homem poderia aperfeiçoar-se? Existem tarefas pelas quais ele pode aperfeiçoar-se moralmente: os gregos recomendam o exercício da virtude, da nobreza de caráter e da compaixão para com os derrotados. Os cristãos recomendam a compaixão em qualquer circunstância. Os modernos recomendam a busca do conhecimento que oferece o caminho para produzir e comercializar os bens que ajudarão o ser humano a satisfazer-se e a encontrar ao menos o contentamento se não puder atingir a felicidade. Para os executivos, a perfeição técnica, ou excelência, consiste na capacidade de colocar seu conhecimento, principalmente sua intuição e sua criatividade, a serviço dos objetivos de sua organização: nisto repousa sua genialidade.

Será o homem capaz de subordinar-se totalmente a Deus? Será ele capaz de atingir seu fim natural? Para os gregos parece difícil subordinar-se a deuses ao mesmo tempo tão caprichosos, tão amigos e tão cruéis! Embora não exista outra possibilidade, porque esses deuses são poderosos e vingativos, o ser humano nobre sabe preservar sua individualidade e sua dignidade. Os discípulos do Cristo acreditam que a subordinação total a Deus é a consequência direta da acolhida e da partilha do dom da misericórdia. E para os modernos, esta questão não existe: Deus existe mas não tem mais nenhuma preocupação com este mundo, que pertence ao ser humano para ser, por ele, administrado racionalmente. Para o executivo, o valor fundamental é o crescimento profissional. Portanto, está submetido a si mesmo e a tudo o que pode fazer sua carreira avançar. O resto, vida familiar, participação social, tem uma importância subordinada.

Será o ser humano capaz de ser inteiramente livre de qualquer defeito moral? Pode ele mesmo fazer de si um ser metafisicamente perfeito, harmonioso e que consiga viver segundo um ideal de ser humano perfeito, à semelhança de Deus? Para os gregos, a impossibilidade de ser considerado pelos deuses livre de qualquer defeito dá ao mesmo tempo à vida humana sua dimensão nobre e trágica. Os discípulos de Cristo não acreditam na possibilidade de uma total ausência de defeito moral: seria tornar inútil a obra redentora de Cristo. O caminho da perfeição reside na prática do amor que perdoa e se compadece. Para os modernos, esta questão parece irrelevante: o ser humano não precisa ser perfeito. Ele precisa construir um mundo perfeito e a ciência dá-lhe os meios para tanto.

Parece-nos que, pelas qualidades atribuídas ao executivo: sábio, intuitivo, visionário, vidente, motivado, entusiasta, genial, totalmente mobilizado, competitivo, o discurso dominante lhe outorga uma perfeição para além de um desempenho puramente técnico e o coloca num patamar de excelência universal, metafísico, quase mítico! Cabe, então, uma última pergunta: existiria alguma dimensão religiosa por detrás da excelência que o executivo hipermoderno tenta atingir?

PARTE 3

ASPECTOS RELIGIOSOS DA EXCELÊNCIA NA VIDA EXECUTIVA

Nos modelos de perfeição analisados, podemos constatar a busca de um referencial que possa nortear a busca de perfeição, o que desperta interrogações sobre o relacionamento do ser humano com o absoluto, com os deuses ou com Deus.

No caso dos gregos, é uma relação ambígua, que evolui da sensação de proximidade e de medo, por causa da ação imprevisível e pouco criteriosa das divindades, para uma crítica mais racional, embora o discurso mítico nunca se ausente totalmente da reflexão filosófica.

No Evangelho, Deus é proposto por Jesus como modelo da perfeição humana mediante a imitação de sua compaixão, amor e misericórdia.

Os modernos preferem voltar toda a sua atenção para o ser humano e sua capacidade de fazer progredir este mundo pelo desenvolvimento da ciência, da técnica e do comércio, embora reconhecendo o papel de Deus em sua criação e em seu ordenamento.

Os pós-modernos parecem sair dessa perspectiva para oferecer ao ser humano a possibilidade de viver sem necessariamente projetar um ideal de ordenamento do mundo mas aceitando a própria precariedade e vivendo com mais intensidade a presença do Outro e a responsabilidade que disso decorre. Uma experiência de Deus é reconhecida como possível no âmbito existencial, sem grande preocupação para uma elaboração teológica mais racional.

Olhando para o executivo atuando numa organização hipermoderna, nossa primeira impressão é de que o discurso religioso está ausente, porque as preocupações são com a construção de uma sociedade totalmente voltada para a realização de objetivos terrenos e comerciais. Todavia, a conotação de absoluto dada a esse ideal e a intensidade da confiança no projeto de sociedade apresentado e da lealdade exigida à empresa fazem lembrar o fervor de uma pregação. Por isso, tentaremos discernir possíveis dimensões religiosas por trás do discurso técnico proposto. Se essas dimensões forem descobertas, cabe analisar a índole dessas categorias religiosas.

CAPÍTULO 10

A EXCELÊNCIA:
O REINO DE DEUS NA EMPRESA[1]

Até agora, percebemos que a dimensão técnica é insuficiente para explicar a abrangência da transformação do conceito de perfeição em conceito de excelência, no ambiente empresarial. Dos executivos exige-se muito mais do que cumprir bem suas tarefas e suas responsabilidades: espera-se uma nova visão do mundo e atitudes que permeiam toda a sua vida pessoal, familiar, além de sua vida profissional. Um ideal existencial proposto com uma tal intensidade e fervor evoca uma pregação religiosa. Em retratando um discurso que tangencia as fronteiras do campo religioso, mesmo que não de modo explícito, cabe, a princípio, indagar a possível existência de mitos por trás do "logos" técnico.

DISCURSO TÉCNICO OU MITO?

Nesta altura de nossa reflexão, já sabemos que estamos no mundo novo da eficiência, da velocidade com que novos produtos são propostos a consumidores cada vez mais exigentes, mas, sobretudo, da competição exacerbada tanto en-

---

[1] Este é o título do capítulo terceiro do livro de AUBERT, Nicole, De GAULEJAC, Vincent, *Le coût de l'excellence*, Paris, Éditions du Seuil, 1991. Tomamos a liberdade de usá-lo porque é extremamente sugestivo e apropriado para a reflexão que empreendemos.

tre as empresas quanto entre os executivos. Estamos vivendo novos tempos, que representam uma ruptura em relação ao passado e nunca mais as coisas serão iguais:

> "Tudo isso mudou. A Guerra Fria acabou há dez anos. E com ela, em grande medida, a necessidade do *welfare state* – pelo menos como um elemento de competição das sociedades de economia livre em sua disputa com a ideologia comunista. Decisões de ordem política tiveram de passar pelo crivo da matemática econômica. Gastos sociais aritmeticamente insustentáveis, que tornavam deficitários os orçamentos nacionais, pressionavam os juros e encrencavam em grande medida a vida das gerações futuras, tiveram de ser revistos. Numa palavra: os antigos privilégios perderam, em larga escala, a razão e a possibilidade de ser. As regras mudaram. O mundo de hoje é rasgadamente distinto daquele forjado 50 anos atrás. O padrão de vida dourado do trabalhador médio americano está perdendo um pouco do brilho que tinha. Em contrapartida, trabalhadores abaixo da linha do Equador e em vários rincões da Ásia têm, como talvez nunca antes na História, a possibilidade de prosperar, de ascender a um nível de vida digno, mais integrado ao resto do planeta. E isso só pode significar uma coisa: os anos 90 e o fenômeno da globalização iniciaram um processo de horizontalização e de racionalização das relações econômicas – entre países e governos, entre empresas e colaboradores, entre ricos e pobres. Só não enxerga isso quem, de um lado, está munido de viseiras dogmáticas, ou quem, de outro, está mordido por ter de ceder um pouco do muito que tinha".[2]

Este mundo é novo porque as decisões políticas passam pelo crivo da matemática econômica: é o fim dos antigos privilégios que prejudicavam as gerações futuras e o início de um processo de horizontalização e de racionalização das relações econômicas entre países e governos, entre empresas e colaboradores e entre ricos e pobres. Pelo tom da matéria, essas horizontalização e racionalização parecem algo bom, que propiciará maior acesso

---

[2] SILVA, Adriano, Que virtude há em ser pobre? *Exame*, 34 (709): 105, 8 de março 2000.

à prosperidade e, portanto, igualdade social! Nunca, na História, estivemos em condições tão favoráveis: estamos vivendo um novo começo. Quem não enxerga isso é dogmático ou profundamente egoísta: não tem visão.

Que pensar desse discurso? O autor narra e exorta os leitores a enxergarem um novo momento da História que está em gestação conduzida pela racionalidade econômica. Pois bem, segundo Mircea Eliade,

> "... o mito narra como, graças às façanhas dos Entes Sobrenaturais, uma realidade passou a existir, seja uma realidade total, o Cosmo, ou apenas um fragmento: uma ilha, uma espécie vegetal, um comportamento humano, uma instituição. É sempre, portanto, a narrativa de uma 'criação': ele relata de que modo algo foi produzido e começou a *ser*".[3]

Percebemos aqui uma primeira analogia com o discurso religioso. A realidade que surge é uma sociedade que se torna nova pelo aparecimento de novo equilíbrio de relações, pela reorganização do espaço, globalizado, e do tempo, que é percebido como mais veloz. Essas transformações são revolucionárias porque afetam o modo de fazer negócios e, portanto, exigem transformações das pessoas que conduzem a atividade econômica:

> "O mundo está passando por transformações revolucionárias que vão mudar para sempre o modo pelo qual muitas empresas operam. Pessoas, produtos e empresas que não estiverem antenados nessas transformações vão ficar obsoletos em pouco tempo. Não podemos falar seriamente sobre transformar organizações sem primeiro falar seriamente sobre transformar a nós mesmos, individualmente. (...) Se você fizer de você mesmo a exceção, esqueça a transformação – ela não vai acontecer. A transformação tem início no momento em que você se compromete a mudar".[4]

---

[3] ELIADE, Mircea, *Mito e realidade*, São Paulo, Editora Perspectiva, 1989, p.11.
[4] COVEY, Stephen R., As dez chaves para uma era de mudanças O.k., sua empresa precisa se mexer. Passo a passo, como envolver as pessoas nesse processo, *Exame*, 30 (609): 64, 8 de maio 96.

Por que é tão importante que alguém se decida a mudar para conduzir o processo de mudança da empresa? Eliade fornece uma pista:

> "Os personagens dos mitos são os Entes Sobrenaturais. Eles são conhecidos sobretudo pelo que fizeram no tempo prestigioso dos 'primórdios'. Os mitos revelam, portanto, sua atividade criadora e desvendam a sacralidade (ou simplesmente a 'sobrenaturalidade') de suas obras".[5]

No albor de um novo mundo, precisamos ser introduzidos por pessoas que aceitaram a missão de conduzir o processo de transformação; a mão invisível do mercado precisa ser ajudada pela mão visível do gerenciamento.[6] Esta mão visível pertence a pessoas de carne e ossos, algumas delas marcantes e citadas como modelos: sua história é contada num estilo que apresenta, talvez, algumas analogias com os heróis presentes nos primórdios de uma nova criação.

Não podemos, contudo, esquecer o que diz Eliade a respeito dos seres que povoam os mitos:

> "Embora os protagonistas dos mitos sejam geralmente Deuses e Entes Sobrenaturais, enquanto os dos contos são heróis ou animais miraculosos, todos esses personagens têm uma característica em comum: eles não pertencem ao mundo quotidiano".[7]

---

[5] ELIADE, Mircea, *Mito e realidade*, São Paulo, Editora Perspectiva, 1989, p.11.
[6] "Condições históricas, políticas e econômicas exercem, é claro, papel preponderante nos rumos de uma empreitada. São a mão invisível do mercado, pedra fundamental da ideologia liberal. Mas há também enorme fatia de responsabilidade repousando na definição das estratégias, na tomada de decisões, na condução das ações. Isto é, na mão visível do mercado: o gerenciamento." SILVA, Adriano, Faça a guerra, não o amor, Em vez de se queixarem dos competidores estrangeiros, os empresários brasileiros precisam reagir – e ganhar mercados, *Exame* 30 (633):41, 9 de abril 1997.
[7] ELIADE, Mircea, *Mito e realidade*, São Paulo, Editora Perspectiva, 1989, p.15.

Como entender a carga mítica presente na linguagem da matéria analisada, representativa de tantas outras? Notamos uma semelhança entre o mito e o executivo que participa de atos criadores: estamos vivendo um momento de grande transformação, onde pessoas de talento fazem a diferença porque conseguem criar empresas novas e novos negócios a partir de um contexto caótico. Podemos, porém, enriquecer nossa análise.

Ao estudar a evolução das ideias religiosas, Ernst Cassirer retoma a teoria desenvolvida na obra *Os Nomes Divinos* de Hermann Usener.[8] Segundo essa teoria, na formação do conceito dos deuses, poderiam ser distinguidas três fases principais de desenvolvimento. A primeira seria da criação de "deuses momentâneos", que não personificam qualquer força da Natureza nem representam nenhum aspecto especial da vida humana e, menos ainda, fixam-se em uma imagem mítico-religiosa estável; trata-se de uma experiência momentânea, com características de excitação instantânea e de um conteúdo mental fugaz. Neste sentido, cada impressão ou cada desejo experimentados, bem como cada esperança ou cada perigo podem afetar o ser humano religiosamente:

> "Quando à sensação momentânea do objeto colocado a nossa frente, à situação em que nos encontramos, à ação dinâmica que nos surpreende, é outorgado o valor e o acento da deidade, então esse 'deus momentâneo' é experienciado e criado. Ele se ergue diante de nós com sua imediata singularidade e particularidade, não como parte de uma força suscetível de se manifestar aqui e acolá, em diferentes lugares do espaço, em diferentes pontos do tempo e em diferentes sujeitos, de maneira multiforme e no entanto homogênea, mas sim, como algo que só existe presentemente aqui e agora, num momento indivisível do vivenciar de um único sujeito, a quem inunda com esta sua presença e induz em en-

---

[8] CASSIRER, Ernst, *Linguagem e Mito*, São Paulo, Editora Perspectiva, 1992, capitulo segundo, p. 33s.

cantamento (...). Por causa desta vivacidade e excitabilidade do sentimento religioso, qualquer conceito, qualquer objeto que por um instante dominasse todos os pensamentos, podia ser exaltado, independentemente da hierarquia divina: Inteligência, Razão, Riqueza, Casualidade, o Instante Decisivo, Vinho, a Alegria do Festim, o Corpo de um Ser Amado... Tudo o que nos vem repentinamente como envio do céu, tudo o que nos alegra, entristece ou esmaga, parece um ser divino para o sentimento intensificado".[9]

Se qualquer objeto que, por um instante, domina nosso pensamento parece um ser divino, o que dizer de um objeto que é apresentado continuamente como o único a ser desejado: o crescimento profissional associado ao prazer do jogo competitivo! Cassirer prossegue mostrando que, à medida que avança o desenvolvimento espiritual e cultural, a atitude passiva do homem diante do mundo externo transforma-se em atitude ativa e ele intervém com um querer próprio a fim de moldar esse mundo segundo suas necessidades e desejos. Cada movimento desta atuação humana gera seu correspondente deus particular que Usener chama de "deus especial". Esses "deuses especiais" representariam um ponto de passagem necessário para a consciência religiosa chegar a seu objetivo último e supremo: os "deuses pessoais". Segundo Cassirer, Usener chegou a essa teoria pela investigação das formas linguísticas nas quais se sedimentam as diversas representações religiosas, tentando retroceder até o ponto em que ambos – o deus e seu nome – brotaram primeiramente na consciência. Isto pode servir de encorajamento para examinar com mais atenção a linguagem usada nos textos oferecidos aos executivos e perceber que não é por mero acaso que os autores usam determinadas expressões sem ter obrigatoriamente consciência do alcance de suas palavras. Se quisermos tentar uma analogia com alguma das etapas da evolução das ideias religiosas propostas por Hermann Usener, a impressão

---

[9] CASSIRER, op. cit., p. 34.

dominante é que a imagem religiosa, que aflora nas matérias da revista, aproxima-se mais do primeiro estágio, dos "deuses momentâneos", pelo aspecto da sacralização de determinados conceitos como, por exemplo, da competitividade ou os citados numa matéria já mencionada, que vale a pena ler de novo:

> "Empregabilidade é a maneira mais clara de enxergar as três áreas de êxito de uma organização: produtividade, relações e qualidade. Também é uma palavra nova. A empregabilidade pode ser comparada a outras formas de 'ade', 'ança' ou 'ia'. Da mesma forma que a palavra cidadania define aquilo que é preciso para ser um bom cidadão e liderança, o que é preciso para ser um bom líder, a empregabilidade define o que é preciso para ser um bom funcionário".[10]

Estas palavras que, no início, representam caminhos de melhoria da eficiência organizacional, em determinados momentos passam a dominar o pensamento da organização de tal modo que adquirem vida própria. São momentâneos, porque as modas se sucedem, dependendo basicamente das prioridades estabelecidas pela direção das empresas. Hoje, os investidores impõem a prioridade da necessidade de agregar valor: esta necessidade vira um chavão, que acaba por ter vida própria e obceca os discursos empresariais em todos os níveis. Continuando a releitura da matéria citada, talvez possa se fazer uma analogia com a segunda etapa da evolução das ideias religiosas apresentada por Usener.

> "O conceito de empregabilidade expressa o que é preciso para a pessoa ser um bom funcionário ou um bom membro de uma equipe. (...) A meu ver, a empregabilidade é composta por

---

[10] MÖLLER, Claus, A santíssima trindade que leva ao sucesso, Responsabilidade, lealdade e iniciativa. Eis os elementos fundamentais que formam o conceito de empregabilidade. Sua carreira depende disso, *Exame*, 30 (623): 102, 20 de novembro 1996. O consultor dinamarquês Claus Möller é dono da Time Manager International, uma das maiores empresas de administração e treinamento de pessoal do mundo.

três elementos básicos: responsabilidade, lealdade e iniciativa. Esses três conceitos globais são característicos da atitude e do comportamento das pessoas que são boas funcionárias".[11]

Os três elementos básicos sugeridos pelo autor, que apresentam uma correspondência com as três áreas de êxito citadas antes, são atitudes concretas sugeridas para que a organização consiga alcançar determinados objetivos. Permanecem destinadas a causar efeitos limitados e concretos no desempenho das organizações mas não deixam de adquirir certa personalização, sendo apregoadas e celebradas como se tivessem certa universalidade, lembrando assim analogicamente a definição dos "deuses especiais" sugerida por Usener.

O SAGRADO E O PROFANO

Outra abordagem do fenômeno religioso que despontaria do ideal de perfeição do executivo é a oposição entre sagrado e profano. À primeira vista, parece que o mundo empresarial é um mundo puramente profano, longe de qualquer dimensão sagrada. Mircea Eliade diz-nos, porém, que o homem secularizado e arreligioso pode ser muito mais alimentado pelo sagrado do que ele pensa:

> "... o homem arreligioso das sociedades modernas é ainda alimentado e ajudado pela atividade de seu inconsciente, sem que por isso alcance uma experiência e uma visão do mundo propriamente religiosa. O inconsciente oferece-lhe soluções para as dificuldades de sua própria existência e, neste sentido, desempenha o papel da religião, pois, antes de tornar uma experiência criadora de valores, a religião assegura-lhe a integridade. De certo ponto de vista, quase se poderia dizer que, entre os modernos que se proclamam arreligiosos, a religião

---

[11] MÖLLER, Claus, op. cit, p. 102.

e a mitologia estão 'ocultas' nas trevas de seu inconsciente – o que significa também que as possibilidades de reintegrar uma experiência religiosa da vida jazem, nesses seres, muito profundamente neles próprios. De uma perspectiva cristã, poder-se-ia dizer igualmente que a não religião equivale a uma nova 'queda' do homem: o homem arreligioso teria perdido a capacidade de viver conscientemente a religião e, portanto, de compreendê-la e assumi-la; mas, no mais profundo de seu ser, ele guarda ainda a recordação dela, da mesma maneira que, depois da primeira 'queda', e embora espiritualmente cego, seu antecessor passado, o Homem primordial, conservou inteligência suficiente para lhe permitir reencontrar os traços de Deus visíveis no Mundo. Depois da primeira 'queda', a religiosidade caiu ao nível da consciência dilacerada; depois da Segunda, caiu ainda mais profundamente, no mais fundo do inconsciente: foi 'esquecida'".[12]

Mas, que significam os conceitos de sagrado e de profano? Mircea Eliade pode oferecer algumas indicações de resposta quando analisa a importância do espaço sagrado e do tempo sagrado na experiência religiosa. Segundo ele, o homem religioso desejava estar o mais perto possível do Centro do Mundo, na origem mesma da realidade absoluta, só podendo viver no cosmos percebido como um espaço aberto para o alto, que tornasse possível a comunicação com o mundo transcendente dos deuses. Todo ataque contra o cosmos ou a cidade que o simbolizava ameaçava ser uma regressão para o caos e toda vitória contra o atacante reiterava a vitória exemplar de Deus contra o dragão. E Eliade conclui:

"Algo da concepção religiosa do mundo prolonga-se ainda no comportamento do homem profano, embora ele nem sempre tenha consciência dessa herança imemorial".[13]

---

[12] ELIADE, Mircea, *O Sagrado e o Profano - A essência das religiões*, São Paulo, Livraria Martins Fontes Editora Ltda., 1996, p. 173-174.
[13] Ibid., p. 48.

A metáfora do caos é frequentemente usada na descrição do combate das empresas pela sobrevivência: esta expressão pode mostrar a abolição de uma ordem, de um espaço de negócios estruturado e previsível e a volta num estado fluido e amorfo de completa precariedade.

> "Medo. O voraz acirramento da competição instaurou uma síndrome nas corporações. Esse processo, iniciado com a ascensão dos Tigres Asiáticos, atinge agora temperatura máxima por conta da corrida tecnológica e da globalização. Dirigentes e acionistas convenceram-se de que não existem mais empresas invictas. O risco de colapso está no horizonte até dos mais capazes – é sempre uma hipótese a ser considerada. Vigora hoje uma versão pressurizada da lúgubre estatística segundo a qual dois terços das companhias que lideravam a lista das 500 maiores empresas da *Fortune* em 1970 desapareceram. Hoje a questão é formulada de outra maneira: quantas das atuais líderes sobreviverão ao ano 2000? Quantas serão tragadas por produtos e estratégias de seus concorrentes?"[14]

Este jogo é terrível mesmo: trata-se de luta pela sobrevivência. As estatísticas lúgubres dizem que poucos sobrevivem e o medo impera. A metáfora do caos deixou lugar à do colapso. Neste horizonte imanente onde paira a ameaça para as organizações de ser tragadas pela concorrência, a transcendência só parece presente no esforço do homem hipermoderno de achar caminhos para superar tal situação: quem o ajudará? Os gurus da administração que proliferam:

> "Nesse ambiente, os executivos são atingidos por uma reação em cadeia. 'Eles têm medo do futuro e sabem que não vão mais conseguir sobreviver se não incorporarem novas maneiras de pensar', afirma Michael Porter, o guru do planejamento es-

---

[14] BLECHER, Nelson, Nestes tempos de competição feroz, os gurus da administração proliferam. Como distinguir os que prestam dos que não prestam. *Exame,* 31 (636): 83; 21 de maio 1997.

tratégico de Harvard. É compreensível. Houve nesta década a reengenharia e sua inseparável companheira, os programas de *downsizing*, que fulminaram milhares de empregos. Acabou o casamento para toda a vida com a empresa, assim como a sequência tradicional das etapas de ascensão profissional. Também os cargos foram redesenhados e a própria função de gerenciar equipes passou a exigir novas habilidades. Muitos estão confusos sobre como lidar com subordinados – sobretudo os que agora são por eles avaliados. Tudo isso gera incertezas e ansiedade. 'Com uma máquina bilionária de marketing de um lado e um bando de consumidores paranoicos de outro, não chega a surpreender que suas ideias sejam consumidas tão avidamente, sem uma seleção prévia', afirmam John Micklethwait e Adrian Wooldrige, os autores de *The Witch Doctors*".[15]

Os gurus são vistos ao mesmo tempo como os salvadores e os aproveitadores da angústia executiva. Seu grau de eficácia vai ser avaliado por sua capacidade de vender seus serviços a partir de um uso intensivo de técnicas de marketing. O sagrado anda de mãos dadas com o profano.

Em relação ao Tempo Sagrado, Eliade mostra que é indefinidamente recuperável e repetível, mantém-se sempre igual a si mesmo, não muda nem se esgota: o homem religioso esforça-se para entrar nesta dimensão que pode ser, de certo modo, equiparada à eternidade. Em compensação, o homem não religioso faz a experiência do tempo predominantemente monótono do trabalho entrecortado de momentos festivos de lazer: não apresenta ruptura nem mistério porque, embora tenha começo e fim, trata-se de uma experiência somente humana, sem aparente manifestação de uma presença divina. O autor mostra também que todos os rituais e simbolismos de passagem exprimem que, uma vez nascido, o homem ainda não está acabado e deve nascer uma segunda vez espiritualmente, passando de um estágio imperfeito, embrionário, a um estado perfeito de adulto. A existência humana chega à plenitude ao longo de uma série de ini-

---

[15] Ibid.

ciações sucessivas expressas pelas imagens de ponte ou de porta estreita, sugerindo a ideia de passagem perigosa, que abundam nos rituais e nas mitologias iniciáticas e funerárias. Logo, todo o caminho do homem religioso é passível de ser transfigurado em valores religiosos, porque pode simbolizar "o caminho da vida" e uma peregrinação para o centro do mundo.

O homem arreligioso assume uma nova situação existencial em que se reconhece como único agente da história e rejeita todo apelo à transcendência. Contudo, ele carrega toda uma mitologia camuflada e numerosos ritualismos tanto em sua vida pessoal (festas familiares, instalação numa nova casa) como em sua vida profissional (convenções empresariais, símbolos representando o novo lugar e o novo status na organização após uma promoção): precisa passar por um novo batismo. Um guru empresarial bem conhecido, Stephen R. Covey, explica como poderíamos entender esse novo batismo e o processo de conversão que ele desencadeia:

> "Enterre o velho. Frequentemente é necessário haver um 'batismo' – um enterro simbólico do corpo antigo para assumir um novo corpo, nome, posição, lugar, linguagem e espírito. Isso simboliza não apenas a rejeição do que é velho, mas o fato de que você está construindo com base no velho e avançando em direção ao novo. Já vi isso ser realizado de maneira muito bem-sucedida quando as pessoas se reúnem e enterram as práticas antigas e toda a carga de culpa associada a elas. O processo se transforma num momento de transição. Em seu livro *Passagens*, Gail Sheeley escreve: 'Como a lagosta, nós também precisamos nos libertar de uma estrutura protetora a cada passagem de uma etapa do crescimento para outra. Isso nos deixa expostos e vulneráveis, mas também nos devolve a condição de embrião, que possibilita o crescimento e nos capacita a nos esticar de maneiras antes desconhecidas'".[16]

---

[16] COVEY, Stephen R., As dez chaves para uma era de mudanças O.k., sua empresa precisa se mexer. Passo a passo, como envolver as pessoas nesse processo, *Exame*, 30 (609): 66, 8 de maio 96.

A transformação, descrita nos moldes de uma conversão religiosa, começa com a consciência da necessidade de mudar. Depois, as pessoas têm de decidir por si qual impacto as transformações exercerão sobre elas e sua esfera de influência e devem construir um senso de segurança interior. Cabe ao executivo abraçar o novo caminho, não como mais uma aventura, mas sim, como acesso a uma vida nova por meio de um rito de passagem, aliás, de um novo nascimento porque somos devolvidos à condição de embrião. O mestre desenvolve seu pensamento, sempre usando palavras com forte conotação religiosa:

> "O fator-chave é o propósito transcendental. Hoje em dia vivemos tão soterrados debaixo de interesses particulares e especiais que não compartilhamos um propósito transcendental.(...) Os líderes efetivos 'transformam' pessoas e organizações. Promovem transformações em suas mentes e seus corações, ampliam sua visão e sua compreensão, esclarecem as metas, tornam os comportamentos congruentes com as crenças, os princípios e os valores e implementam transformações permanentes, que se autoperpetuam e cujo ímpeto é cada vez maior".[17]

As palavras-chaves são: transcendental, mente, crença, coração e soterrados! Precisamos passar por um processo que qualquer religião chamaria de purificação: nesse caso, trata-se de expandir a inteligência para ver e entender melhor e o coração, para ter mais ímpeto e, portanto, mais paixão e compromisso. O horizonte não é a terra prometida, mas a mudança permanente. A linguagem usada sugere uma outra dimensão, mesmo que não num mundo diferente do nosso: a palavra transcendental pressupõe, pelo menos, uma intensidade de energia diferente no compromisso assumido. Cassirer escreve:

---

[17] Ibid., p. 64.

> "... a existência das coisas e a atividade dos homens parecem inseridas, de algum modo, em um 'campo de forças' mítico, em uma atmosfera de atuação que penetra em tudo e que pode parecer concentrada em alguns objetos extraordinários, tirados do reino do comum, ou em pessoas isoladas, providas de um Dom especial para mandar, tais como guerreiros que se sobressaem, caciques, feiticeiros ou sacerdotes".[18]

Este campo de forças parece ter sido percebido no ambiente executivo: há um elemento menos técnico que pode fazer a diferença no momento de decidir o futuro profissional de um executivo: o carisma!

> "Trata-se de algo impalpável, difícil de definir, mas fácil de reconhecer quando se está diante de alguém que tenha. Alguns a chamam de charme, outros de magnetismo pessoal ou liderança nata. A palavra: carisma. O currículo de administração de empresas não a inclui. Tampouco os manuais trazem a receita para adquirir carisma. No entanto, ter mais ou menos carisma pode ser crucial nestes tempos em que a segurança dos empregos evaporou e a carreira depende exclusivamente de sua capacidade em desenvolver os atributos que o tornam empregável".[19]

É uma qualidade impossível de ser definida ou aprendida. Não está em nenhum currículo e é crucial nestes tempos de precariedade. A autora da matéria oferece algumas indicações do que pode ser esse carisma e como ele poderia ser alcançado:

> "Entre os atributos dos líderes carismáticos que seduzem seus subordinados está a integridade, aquela impressão de que o líder acredita incondicionalmente nos valores que apregoa. É o primeiro passo para merecer crédito. O carismático age de acordo com o que fala".[20]

---

[18] Cassirer, op. cit., p. 82.
[19] Mendes, Maria Luiza, Você tem carisma? *Exame*, 29 (610), 22 de maio 1996.
[20] Ibid.

O carismático tem fé, prega valores: estamos obviamente falando de valores seculares e empresariais: o recurso à metáfora da fé a ser pregada como diferencial para a empregabilidade não deixa de revelar que o sagrado acaba sempre escondido no profano, como nos alertava Eliade. Tratando-se porém de uma fé secular, embora incondicional, não se pode pedir tal dom rezando! Resta o discipulado: de novo, a solução é achar um mestre ou um guru que ensine o caminho das pedras:

> "Aprender carisma com quem o possui é como ter Pelé como professor de futebol ou ter aulas de cinema com Spielberg. Você pode não chegar a craque, mas pode melhorar sua performance, o que é indiscutivelmente vantagem nestes tempos de competitividade renhida".[21]

Tudo se mistura de novo: performance, carisma, tudo em prol de melhorar o próprio desempenho nestes tempos de competitividade. Samba de uma nota só!

A NOVA ERA E SUAS POSSÍVEIS INFLUÊNCIAS SOBRE O MUNDO EXECUTIVO

Não podemos analisar as eventuais conotações religiosas do discurso empresarial sem falar de Nova Era. Este movimento religioso, bastante complexo, permeia a sociedade atual, alimenta-se dela e tem conexões com o ambiente empresarial.

Segundo Leila Amaral,[22] a chave espiritual da Nova Era está na crença de que Deus, ou a perfeição, encontram-se no interior de cada indivíduo e na busca da integração entre corpo, mente e espírito. Ela seria herdeira do expressivismo

---

[21] Ibid.
[22] AMARAL, Leila, *Nova Era, um desafio para os cristãos*, São Paulo, Edições Paulinas, 2001, p.13-15.

psicológico que emerge a partir do século XVIII acoplado a duas modalidades do individualismo: um individualismo humanista, cuja motivação básica é liberdade e igualdade, e um individualismo subjetivista que acrescenta à noção de liberdade, a partir da noção de diferença e complementaridade, a conotação de individualidade autêntica pelo cultivo interior e pela busca do autoaprimoramento. Um dos temas mais ligados à vida executiva seria o da transformação dos paradigmas que deveria levar na direção de um equilíbrio ou de uma concepção sistêmica da realidade a partir do princípio básico que é o holismo. O universo seria um todo harmonioso e indivisível e o homem deveria reencontrar maior integração com o planeta.

Segundo Paul Heelas,[23] existe uma linguagem empregada por todos aqueles que podem ser enquadrados na categoria "Nova Era"; William Bloom elenca algumas características desta linguagem:

– Toda a existência é manifestação do Espírito, do incognoscível.

– O objetivo de toda a existência é proporcionar a manifestação do Amor, da Sabedoria, da Iluminação.

– Todas as religiões são expressões da mesma realidade interior.

– Toda a vida, tal como a percebemos através dos cinco sentidos humanos e dos instrumentos científicos, é apenas o véu exterior de uma realidade invisível, interior e causal.

– Os seres humanos são criaturas de natureza dupla, com uma personalidade temporária externa e um ser interior multidimensional.

– A personalidade externa é limitada e tende ao materialismo.

– O ser interior é infinito e tende ao amor.

– Nossos mestres espirituais são espíritos que se liberta-

---

[23] HEELAS, Paul, *A nova Era no contexto cultural: Pré-Moderno, Moderno e Pós--Moderno*, em *Religião & Sociedade* 17/1-2, Rio de Janeiro, agosto 1996.

ram da necessidade de encarnar e que manifestam sabedoria, iluminação e amor incondicional. Alguns são bem conhecidos, outros são desconhecidos e sua atividade é invisível.

– Toda a vida, em suas diferentes formas e estados, consiste em energia interligada.

– Embora façamos parte da dinâmica do amor cósmico, somos corresponsáveis pelo estado de nossos próprios eus, de nosso meio ambiente e de todas as formas de vida existentes.

– No atual período, a evolução do planeta e da humanidade chegou a um momento em que estamos vivendo uma mudança espiritual fundamental em nossa consciência individual e coletiva. É por isso que se fala em Nova Era.

A melhor maneira de encarar a Nova Era é vê-la como um conjunto de caminhos, que representam variações (algumas muito diferentes) sobre o tema da religiosidade do eu. Alguns caminhos enfatizam uma forma individualizada de espiritualidade, de modo que o lugar fundamental de Deus – ou da Deusa – é o interior do ser humano individual. Outros caminhos enfatizam a espiritualidade que perpassa tudo o que é natural, e que portanto liga todas as pessoas à ordem cósmica das coisas. Outra diferença diz respeito à natureza da interioridade. Bloom fala em "amor" e "sabedoria"; outros preferem a linguagem da "energia" e do "poder".

Como os adeptos da Nova Era encaram as instituições, particularmente o capitalismo? Segundo Heelas, existe um "núcleo central", contracultural da Nova Era: para esses seguidores da religiosidade do Eu, as coisas do coração (termo que designa o que Bloom chama de "ser interior") prosperam de modo inversamente proporcional ao engajamento no mundo capitalista. Acredita-se que a autorrealização ou iluminação seja incompatível com as tentações e os envolvimentos relacionados ao ego. Assim muitos adeptos contraculturais da Nova Era tentam libertar-se das instituições da modernidade, em particular aquelas que acarretam um compromisso com os valores materiais.

A segunda vertente da Nova Era está associada à modernidade de um modo positivo. Com o advento do capitalismo triunfalista dos anos 80, um contingente de adeptos da Nova Era passou a atuar nas grandes empresas. De modo geral, a linguagem utilizada por eles é a da religiosidade do Eu: fala-se de libertar o administrador dos hábitos dos quais ele se tornou dependente (e que estariam relacionados ao ego), permitindo que seu Eu verdadeiro entre em ação. A natureza do Eu não é vista em termos contraculturais (amor, tranquilidade etc.); a iluminação do administrador visa coisas como "afirmação", "criatividade" ou "energização", tornando-o mais disposto a agir com "responsabilidade" e "autonomia". O executivo adquire também "sabedoria interior", e acessa sua intuição para ter sucesso nos negócios. Muitos capitalistas adeptos da Nova Era acreditam que o sucesso no mercado é compatível com o progresso espiritual. Assim eles resolvem o que sempre foi um dilema para o capitalismo instalado nos Estados Unidos.

Robert Bellah[24] descreve os dois pilares que alicerçam as lealdades constitutivas da sociedade nos Estados Unidos:

– A religião bíblica que sustentava a visão que os primeiros colonos tinham deles mesmos como "o novo Israel de Deus"; esse entendimento era expresso pelo símbolo bíblico de um pacto significando um relacionamento especial entre Deus e o povo. Este aspecto bíblico do autoentendimento nacional possuía um caráter fortemente social e coletivo, muito embora contivesse um elemento de voluntarismo proveniente de suas raízes protestantes.

– A segunda interpretação subjacente da realidade que foi influente na história americana – o individualismo autoritário – nunca foi totalmente compatível com a tradição bíblica, sendo complexas as relações de atração e repulsão entre as duas.

---

[24] BELLAH, Robert, *A nova consciência religiosa e a crise na modernidade*, em *Religião & Sociedade* 13/2, Rio de Janeiro, julho 1996.

Enquanto o termo central para a compreensão da motivação individual era, na tradição bíblica, a "consciência", o termo central na tradição utilitária era o "interesse". A compreensão bíblica da vida nacional era baseada na noção de comunidade com caridade para todos os membros, uma comunidade apoiada pela virtude pública e privada. A tradição utilitária acreditava num Estado neutro em que os indivíduos teriam permissão de buscar a maximização de seus próprios interesses, em que o produto seria público e a prosperidade privada. A tradição bíblica prometia recompensas terrenas e no outro mundo pela prática de ações virtuosas. A tradição utilitária requeria autocontrole e "moralidade", se não como fim, pelo menos como meio. Porém, o mecanismo mais difundido para a harmonização das duas tradições foi a corrupção da tradição bíblica pelo individualismo utilitário, de tal modo que finalmente a própria religião tornou-se, para muitos, um meio para a maximização dos interesses particulares, sem nenhum elo efetivo com a virtude, a caridade ou a comunidade. Isto levou também ao prestígio ascendente da ciência, da tecnologia e da organização burocrática. Por outro lado, a tradição do individualismo utilitário não manifestou nenhum interesse em compartilhar valores ou objetivos, uma vez que considerava como único fim significativo a maximização do interesse individual, e os fins individuais são essencialmente aleatórios. O utilitarismo tendia, consequentemente, a concentrar-se unicamente na racionalização técnica dos meios que tornou-se um fim.

Embora o individualismo utilitário não tivesse nenhum interesse na sociedade considerada como fim, certamente não deixava de perceber a importância dela. Como tudo mais, a sociedade devia ser usada instrumentalmente. O termo-chave era "organização", o uso instrumental das relações sociais. A "organização efetiva", da mesma forma que a inventividade tecnológica, era um traço distintivo do *ethos* americano. O valor fundamental para o individualismo utilitário era "liberdade", um termo que podia ser usado igualmente para obscurecer a brecha entre as tradições utilitária e bíblica, visto que é também um termo bíblico fundamental. Para a religião bíblica, liberdade significava libertação das consequências do pecado, liberdade para agir corretamente, e era quase equivalente à virtude. Para o utilitarismo, significava a liberdade para o homem buscar seus próprios fins. Tudo devia ser subordinado a isso: a natureza, as relações sociais e mesmo os sentimentos pessoais.

Na Nova Era, a prosperidade inclui o que há de melhor em ambos os mundos. Isto significa que existe um acentuado sabor de utilitarismo, na medida em que o Eu é acionado e tratado como um meio para chegar a fins materiais e psicológicos. O desenvolvimento da ideia de que há algo interior que pode ser explorado e aperfeiçoado e, deste modo, pode ajudar o indivíduo a atuar com maior sucesso no sentido de obter aquilo que o mundo tem a oferecer. Embora os executivos da Nova Era tenham os mesmos objetivos comerciais que os administradores convencionais, o eu utilitário é "espiritualizado". As doutrinas da prosperidade propõem-se a combinar a busca interior com o valor instrumental. É precisamente este componente espiritual que busca o "melhor dos dois mundos", que diferencia a Nova Era da filosofia da globalização, que caracteriza a produção e o consumo capitalista convencionais.

Leila Amaral, por sua vez, assinala que, desde as décadas 70-80, expande-se uma nova variante do movimento com menos ênfase no holismo ou na crítica ao *establishment* e mais voltada a uma visão mais hedonista e bem-comportada do indivíduo.[25] Treinamentos são oferecidos para executivos de grandes empresas capitalistas com o intuito de despertar a própria criatividade e os poderes e competências ocultos. Tenta-se reconciliar no executivo a busca interior e a busca exterior afim de beneficiar-se do melhor dos dois mundos, espiritual e

---

[25] Ibid., p. 27.

material. Cria-se uma afinidade entre religiosidade interna e ideologia de progresso, através do cultivo de qualidades interiores de autonomia, poder, confiança e criatividade; confirma-se a conjugação perfeita do par liberdade-poder.

A importância dada à astrologia em algumas empresas para os processos de seleção, a denominação de guru atribuída àqueles que propõem receitas alternativas de desempenho mediante um maior autoconhecimento e desenvolvimento da energia vital mostram o quanto o ethos produtivista da economia neoliberal parece casar com alguns princípios da Nova Era. Segundo Lívia Barbosa,[26] a relação entre indivíduo e sociedade se inverte: para obter os resultados desejados, o executivo deve sintonizar o mundo exterior com seu eu interior; nessa lógica, o indivíduo surge como o único responsável por seu destino, seu sucesso e seu fracasso.

Aubert e Gaulejac não hesitam em atribuir a um pensamento mágico esse recurso a algumas práticas que tangenciam práticas religiosas.[27] Segundo eles, em paralelo ao culto dos indicadores, da racionalidade matemática e da quantificação desenvolve-se uma apologia do irracional, que tem algumas características interessantes: os heróis são aqueles que experimentam, não os que refletem: daí a importância dada ao fazer, à provação, ao pragmatismo e à ação; recorre-se a práticas alternativas para produzir sentido, astrologia e tarô por exemplo e, numa dimensão mais científica, numerologia ou programação neurolinguística e grafologia; são encorajados o pensamento positivo e a busca por técnicas de mobilização energética. Diante da complexidade do mundo moderno, os gurus empresariais propõem o reencontro com a simplicidade na meditação e na iniciação a algumas técnicas espirituais ou espiritualistas. O objetivo é reencontrar um sentido para um

---

[26] BARBOSA, Lívia, *Igualdade e meritocracia, a ética do desempenho nas sociedades modernas*, Rio de Janeiro, Editora Fundação Getúlio Vargas, 1999, p. 27s.
[27] AUBERT, Nicole, DE GAULEJAC, Vincent, *Le coût de l'excellence*, Paris, Éditions du Seuil, 1991, p. 95s.

mundo dominado pela lógica materialista e produtivista: pela descoberta dos próprios limites e de outras fontes de energia é que o executivo poderá encontrar os recursos que lhe permitirão levar sua equipe à vitória. É próprio do pensamento mágico postular uma dimensão espiritual, inacessível ao homem comum, que dá as chaves de interpretação do mundo.

Neste contexto, os temas da força e do poder aparecem constantemente: é preciso ir além de si mesmo, concentrar as próprias energias e dominar as próprias fraquezas para encontrar a energia presente no íntimo. Aí reside o perigo de um esgotamento depressivo, porque no universo executivo o ideal vislumbrado nessas experiências alternativas apresenta-se com exigências cada vez mais fortes e sem o recurso a um Deus que viria a proteger o eu fraco pelo perdão e a misericórdia. Neste universo, a fraqueza é malvista e a busca pelo poder não tem limite.[28] As referências de apoio para esta busca da força e do poder não estão nem na cultura grega, nem no judeo-cristianismo, nem na filosofia do progresso. Nos movimentos de extrema direita europeus, é comum querer a volta "à natureza das coisas", rompendo com qualquer ideia de evolução e de universalismo. Segundo esta linha de pensamento, o cristianismo e as diferentes ideologias de defesa dos direitos humanos, embora tenham se enfrentado em alguns momentos, possuem um denominador comum: o ser humano tem valor em si e não pelo que realiza, sendo esse valor o fundamento da igualdade.[29] Contra o cristianismo e as ideologias de defesa dos direitos humanos, trata-se de justificar as desigualdades entre as pessoas como reflexos das desigualdades entre os deuses presentes no politeísmo, desigualdades igualmente presentes entre os povos ou nações

---

[28] AUBERT, GAULEJAC, op. cit., p. 99.
[29] DE HERTE, Robert, "*L'Église, l'Europe et le sacré*", em *Pour une renaissance culturelle*, Copernic, 1979. Este autor, citado em SIMON, Hippolyte, *Vers une France païenne?*, Paris, Éditions Cana, 1999, p. 147-148, é um dos ideólogos do Front National, partido da extrema direita francesa.

que têm sua história e seu gênio particulares: nada de universal pode reverter isto e não é difícil prever as possíveis consequências de tal posição para a convivência entre as nações, já que a comum pertença a uma mesma humanidade não deve ser considerada como valor normativo da convivência humana. Essa desigualdade de tratamento dos seres humanos pelos deuses já escandalizava, a partir de Homero, a cultura grega: contra ela reagiam os heróis gregos enfrentando a morte com dignidade.[30] Na economia globalizada, esse discurso poderia ser transferido das nações para as organizações empresariais, que lutam entre si e que vencem pela força de sua cultura e de seus heróis, independentemente das consequências possíveis para a sociedade humana. O ser humano vale pelo que ele consegue realizar aqui e agora: não existe horizonte mais longínquo e o futuro está na derrota do inimigo presente, inclusive por uma razão de sobrevivência econômica, que passa a ser o parâmetro da sobrevivência humana.

---

[30] Ver nosso capítulo terceiro.

CAPÍTULO I I

FETICHISMO? ALIENAÇÃO?

Parece que, de fato, encontramos dimensões religiosas na visão de excelência proposta aos executivos, com todas as ressalvas que fizemos. Não se trata de uma religião constituída e institucional, mas de uma experiência religiosa difusa, que aflora principalmente na linguagem. Sabemos, por outro lado, que, desde a modernidade, a experiência religiosa tem sido muito contestada, principalmente por ser considerada como um fator de alienação para o ser humano. Estariam presentes as categorias de fetichismo e alienação no discurso dirigido ao executivo?

FETICHISMO

O conceito de fetichismo, resgatado da análise marxista, é considerado por Franz Hinkelammert como o elemento central da crítica da religião.[1] Vale a pena tentar resumi-lo porque a evolução da dinâmica atual parece restituir-lhe certa atualidade. Os autores da introdução do

---

[1] HINKELAMMERT, Franz J. *As armas ideológicas da morte,* São Paulo, Edições Paulinas, 1983, cap.1, p. 25.
[2] Idem, *As armas ideológicas da morte,* São Paulo, Edições Paulinas, 1983, Introdução de RICHARD, Pablo e VIDALES, Raúl, p. 5s.

livro citado[2] distinguem entre as instituições materiais que organizam a sociedade moderna e o espírito dessas instituições. É a partir desta distinção que a teoria do fetichismo analisa a espiritualidade institucionalizada da sociedade moderna, ou seja, o espírito com que essas instituições são percebidas e vividas:

> "Ora, o fetiche como espírito das instituições não surge do nada mas existe ligado a determinada organização social. Existe uma determinada coordenação do nexo corporal entre os homens, onde as relações sociais entre eles aparecem como relações materiais, isto é, como regras naturais e necessárias; pelo contrário, a relação material entre as coisas é vivida como uma relação social entre seres vivos. Os homens se transformam em coisas, e as coisas em sujeitos animados. Já não é o homem o sujeito que decide, mas são as mercadorias, o dinheiro, o capital, que, transformados em sujeitos sociais, decidem sobre a vida e sobre a morte de todos os homens. (...) Portanto, o espírito de vida ou morte numa sociedade não pode ser analisado como um problema subjetivo ou casual, ligado à boa ou má vontade das pessoas; pelo contrário, é o problema de uma determinada *espiritualidade* institucionalizada numa determinada *organização material* da relação entre os homens. (...) Nesta análise, descobre-se que, uma vez desenvolvidas as relações mercantis, as mercadorias (...) adquirem as qualidades de 'pessoas'; adquirem 'vida'. Mas se o homem não toma consciência do fato de que essa aparente vida das mercadorias não é mais do que sua própria vida projetada nelas, chega a perder o livre exercício de sua liberdade, e, no final, sua própria vida..."[3]

A personificação das mercadorias, que se interrelacionam, leva à criação de um mundo que tenta reproduzir nas relações sociais o que as mercadorias realizam no mundo mercantil. Esse mundo criado pela troca das mercadorias passará a ser

---

[3] Ibid., p. 7-10. O grifo é do próprio autor.

um mundo religioso à medida que o homem tomar consciência de que, sob o conjunto de mercadorias e de seus movimentos, está subjacente um princípio unificador: o trabalho coletivo da sociedade, mediado pelo dinheiro e pelo capital. A religião vem a ser uma forma de consciência social que corresponde a uma situação em que os homens delegaram a decisão sobre sua vida ou morte a um mecanismo mercantil por cujo resultado deixam de ser responsáveis. É a partir das relações mercantis que se começa a interpretar o próprio destino dos homens, sendo a própria produção que predetermina o limite dos possíveis conteúdos das vontades. Nesse contexto, surge um paradoxo: o dinheiro, que qualitativamente aparece como um poder infinito, volta a sua finitude quando avaliado quantitativamente porque toda soma efetiva de dinheiro é limitada. Quando o entesourador assume a dimensão infinita do dinheiro, este se torna um objeto de devoção e o comportamento do dono passa a aparentar uma relação de piedade em relação a esse bem.

O passo seguinte é a aparição, no mundo das mercadorias, do grande sujeito-valor, o capital, que tem o poder de valorizar-se e multiplicar-se a si mesmo: absolutamente tudo depende dele e é o sujeito milagroso dessa religião. A procriação do valor pelo valor parece agora ser um poder inato, capaz de substituir a própria força de trabalho. Ao mesmo tempo, estando toda a dinâmica da criatividade e da potencialidade humanas na dinâmica do valor, o capital chama para si a tarefa de atender os mais altos sonhos da humanidade, investindo no processo tecnológico: a realização desses sonhos pode ficar para um futuro infinitamente distante, mas possível!

Prosseguindo sua análise a partir dos conceitos expostos, Hinkelammert analisa a "metafísica do empresário".[4] Tanto a publicidade como as obras dos teóricos de mercado apresen-

---

[4] HINKELAMMERT, Franz J. *As armas ideológicas da morte*, São Paulo, Edições Paulinas, 1983, cap. 2, D, p. 150s.

tam o mundo das mercadorias, do dinheiro e do capital como um grande objeto de devoção que está acima dos homens e lhes dita suas leis. Por exemplo, na matéria "procuram-se executivos, loucamente",[5] fica claro que foi o mercado quem desencadeou a correria atrás dos executivos:

> "Nunca, desde o milagre econômico na década de 70, a temperatura de mercado esteve tão alta. (...) A ebulição do mercado de trabalho para executivos de primeira linha pode parecer estranha, à primeira vista. (...) Os sintomas de aquecimento do mercado são vários e vêm de todos os lados. (...) Esta explosão do mercado significa expectativa de desenvolvimento da economia. (...) Concorrência acirrada, competitividade, consumidores exigentes: as empresas precisam ser coladas no mercado. (...) (falando de um executivo) Seu primeiro cargo de direção foi conquistado mal tendo entrado na casa dos 30. Muito cedo, não? Pois o mercado não pensa assim".

O mercado é um ser vivo que entra em ebulição, faz suas exigências, tem sua linha de pensamento e exige uma adesão absoluta: é preciso estar colado nele. Essa adesão faz com que seus servos ou devotos passem a valorizar e sacralizar algumas virtudes para a dinâmica das próprias relações mercantis. E a virtude central é a humildade.

> "É fundamental, também, agir com ética e integridade tanto na maneira de trabalhar como na de se relacionar dentro e fora da empresa. Um comportamento ético e íntegro vai muito além de não desviar dinheiro alheio. Tem a ver com o caráter da pessoa (...). 'Firmeza face à concorrência e humildade diante do mercado. Esta é a postura correta', afirma Firmin António, da Ticket."[6]

---

[5] CASTANHEIRA, Joaquim, Procuram-se executivos loucamente, *Exame*, 26 (571): 90-95, 23 de novembro 1994.
[6] BERNARDI, Maria Amália, Você vai dar certo?, *Exame*, 30 (618): 73, 11 de setembro 1996.

A grande recompensa é o sucesso. Esta humildade, porém, não tem nada a ver com a mesma virtude em sua conotação cristã: exige que o executivo se coloque totalmente a serviço da organização para poder "agregar valor", a expressão ultimamente mais usada nas reuniões de negócios. Essa vontade de ser uma encarnação da organização e a renúncia a uma personalidade própria significam uma aceitação sem revolta de qualquer decisão organizacional a favor dos investidores, mesmo que isso signifique o corte do próprio pescoço.[7] Assim fala F. A Hayek:

> "Não é somente uma parábola, se se denomina o sistema de preços como uma espécie de máquina para o registro de trocas, que torna possível a cada produtor... adaptar sua atividade a trocas, das quais não precisa saber mais do que aquilo que se reflete no movimento dos preços. (...) Usei intencionalmente a palavra 'milagre' para arrancar o leitor de sua apatia com a qual muitas vezes aceitamos a ação deste mecanismo como algo diário.(...) A *razão* não existe como singular, como algo dado à pessoa particular, que esteja à disposição, como o que parece supor o procedimento racional, mas é preciso entendê-la como um processo interpessoal, no qual a contribuição de cada um é controlada e corrigida por outros. (...) A orientação básica do verdadeiro individualismo consiste numa humildade frente aos procedimentos, através dos quais a humanidade conseguiu objetivos que não foram nem planejados nem entendidos por nenhum particular, e que na realidade são maiores do que a razão individual. A grande pergunta do momento é se se vai admitir que a razão humana continue crescendo como parte desse processo, ou se o espírito humano se deixará prender com correntes, que ele mesmo fabricou".[8]

---

[7] A esse respeito, não posso deixar de lembrar uma conversa com um executivo contando os cortes decididos e efetuados pelo presidente da empresa que acabava de chegar. Conclusão dele: coitado... do presidente que tinha de fazer os cortes! Nem uma palavra sobre os coitados que tinham sido cortados.
[8] HAYEK, F. A., *Individualismus und wirtshaftliche Ordnung,* Zurich, Erlenbach, 1952, citado em HINKELAMMERT, op. cit., p. 72.

A razão do homem transforma-se assim, em nome do individualismo, numa razão coletiva – presença de um "milagre" – que chega a ter toda a aparência de um objeto de piedade. Hayek denomina "humildade" a atitude exigida frente a isso, e a interiorização desse valor se realiza por uma relação de piedade. Fazendo isso, seu individualismo se apresenta abertamente como uma delegação da individualidade num coletivo fora do homem – embora produto dele. Ao transformar o individualismo em "individualismo verdadeiro", está transformando-o num coletivismo cego. Seria este o resultado final da grande descoberta da subjetividade feita pelo burguês que fundamentava seu contentamento no fato que as descobertas da ciência, colocadas pela tecnologia a serviço do comércio, iriam redimir definitivamente a humanidade pela construção de um relacionamento comercial duradouro entre os homens? Quem rejeitar esta humildade é condenado por seu orgulho. Assim fala K. Popper:

> "Como outros antes de mim, também cheguei à conclusão de que a ideia de um planejamento social utópico é um fogo-fátuo de grandes dimensões que nos atrai para o pântano. A *híbris*, que nos move a tentar realizar o céu na terra, seduz-nos a transformar a terra num inferno; um inferno como somente podem realizar alguns homens contra outros".[9]

Quem aceita praticar esta humildade tem acesso à verdadeira liberdade, que consiste na submissão aos indicadores de mercado: tudo o que quebra esta lógica é um atentado contra a liberdade e deve ser combatido.

> "Há uma equação que não fecha: nos países desenvolvidos, como se viu recentemente em Seattle, por ocasião de uma conferência da Organização Mundial do Comércio, as

---

[9] POPPER, Karl, *La miseria del historicismo*, Prefacio à edição alemã, Tubingen, 1974, citado em HINKELAMMERT, op. cit., p. 73.

centrais sindicais vão para a rua bradar contra os investimentos que suas empresas estão fazendo em economias emergentes. O resultado disso, raciocinam, é que trabalhadores americanos e europeus estão perdendo seus empregos para pares subnutridos e mal pagos na América Latina, na Ásia e no Leste Europeu. Do outro lado da cerca, nos países em desenvolvimento, os trabalhadores (ou quem imagina representá-los) deveriam, então, estar fazendo uma tremenda festa. Mas acontece o contrário. As centrais sindicais e os políticos que ganham a vida discursando em favor dos trabalhadores bradam em igual volume seu ressentimento contra os investimentos estrangeiros, contra a abertura dos mercados locais ao capital internacional, contra a chegada de empresas de fora – contra, enfim, a ampliação do comércio e de sua capacidade de criar riqueza. Assim fica difícil. A globalização, que está dinamizando como nunca os movimentos descritos acima, não pode ser ruim para eles e para nós ao mesmo tempo".[10]

Fica difícil entender como alguém ousa opor-se a um dinamismo tão eficiente, que só quer restabelecer a igualdade e fazer a felicidade de todos. Todavia, falta compreensão para poder entender este milagre da felicidade global prometido e em curso de realização. Só pode ser ressentimento, e a razão desse ressentimento é nossa vocação para a escravidão:

> "Convivemos mal com a ideia de livre mercado, de liberdades – e deveres – individuais, de um Estado menor, de menos poder na mão do governo e de mais responsabilidades no colete do cidadão. Em suma: a globalização pressupõe, e estimula, a supremacia da visão liberal. E nós temos muita dificuldade de enxergar a vida por esse prisma. De fato, estamos na contramão: precisamos sentir a presença corpulenta de um aparato superior, de um sistema hierárquico forte, de um chefe sobre cujos ombros possamos jogar todas as nossas demandas e toda a culpa por nossos eventuais fracassos".[11]

---

[10] SILVA, Adriano, Que virtude há em ser pobre? *Exame*, 34 (709): 104, 8 de março 2000.
[11] Ibid., p. 106.

A adoração do fetiche do mercado e da competitividade que lhe dá dinamismo não deve ser confundida com nenhum outro valor:

> "Hoje as organizações mais avançadas consideram com seriedade os problemas familiares dos empregados e os tratam como questões estratégicas. Por benemerência? Hmmm. Por sentimentos humanitários? Hmmm. Por compaixão? Hmmm. Por que, então? 'Vantagens competitivas', diz Alberto Golbert, diretor de RH da Hewlett-Packard do Brasil".[12]

ALIENAÇÃO OU REALIZAÇÃO?

A organização empresarial é considerada por seus mais ardorosos defensores, como um lugar de busca e de realização do sentido da existência humana, pela harmonização das dimensões material, psicológica, social e, para alguns, espiritual, no horizonte proposto da busca incansável de resultados econômicos e financeiros. Não podemos terminar nossa análise sem analisar o conceito de alienação, que permitirá entender um outro tipo de risco. O sucesso alcançado pelo executivo é recompensado pelo aumento de sua capacidade de consumo: não será a hipertrofia dessa dimensão consumista uma fonte de alienação com algumas características religiosas?

Gostaríamos de discutir o conceito de alienação a partir de dois autores: Marx, na interpretação de Erich Fromm, e Paul Tillich. A escolha vem do fato de Marx ter dado grande notoriedade ao conceito, focando sua importância como chave de interpretação do relacionamento do ser humano com o mundo da produção econômica, dividido em oprimidos e opressores, operários e patrões. O interesse da interpretação

---

[12] BERNARDI, Maria Amália, Lar, doce escritório, *Exame*, 31 (627): 84, 15 de janeiro 1997.

de Fromm reside no acréscimo de um terceiro ator, chamado hoje de executivo, que ele situa entre as duas classes, como agente manipulado e manipulador.

Primeiro, Fromm dá uma definição do conceito:

> "a alienação (ou 'alheamento' para Marx significa que o homem não se vivencia como agente ativo de seu controle sobre o mundo, mas que o mundo (a natureza, os outros, e ele mesmo) permanece alheio ou estranho a ele. Eles ficam acima e contra ele como objetos, malgrado possam ser objetos por ele mesmo criados. Alienar-se é, em última análise, vivenciar o mundo e a si mesmo passivamente, receptivamente, como o sujeito separado do objeto".[13]

O autor liga o conceito de alienação ao conceito de idolatria. Os ídolos são a obra das mãos do próprio homem, que adora o que ele mesmo criou, transformando-se ele mesmo em coisa, transferindo aos objetos os atributos de sua vida e reencontrando a si mesmo pela adoração do ídolo. Não é só o mundo das coisas que se torna superior ao homem; também as circunstâncias sociais e políticas por ele criadas se tornam seus senhores. Esta alienação conduz à perversão de todos os valores: cada homem especula sobre o modo de criar uma nova necessidade em outro homem, a fim de forçá-lo a um novo sacrifício, colocá-lo numa nova dependência e incitá-lo a um novo tipo de prazer e, por conseguinte, à ruína econômica. Com a massa de objetos, cresce o número de entidades estranhas a que o homem fica sujeito e o homem se torna cada vez mais pobre como homem.

Fromm acrescenta que Marx não previu até que ponto a alienação chegaria a ser o destino das pessoas, como os executivos, que manipulam símbolos e homens em vez de máquinas. O operário depende da expressão de certas qualidades pessoais como habilidade e confiança de que é

---

[13] FROMM, Erich, *Conceito Marxista do homem*, Rio de Janeiro, Zahar Editores, 8ª edição, 1983, capítulo V, p. 50.

merecedor; não é obrigado a vender sua personalidade, seu sorriso e suas opiniões ao ser contratado. Os manipuladores de símbolos não são contratados apenas por sua perícia, mas também por suas qualidades pessoais que os tornam "acondicionamentos de personalidades atraentes" de fácil trato e manuseio. São verdadeiros homens da organização, cujo ídolo é a empresa.

O próprio Fromm sugeriu a leitura de Paul Tillich, que analisa o conceito de alienação (*estrangement*) numa dimensão mais existencial e teológica.[14] As duas abordagens, portanto, parecem complementares. Numa visão teológica, Tillich considera que o conceito de alienação (*estrangement*), embora não bíblico, está presente em muitas descrições das dificuldades e das difíceis escolhas do ser humano. Está presente na descrição que o apóstolo Paulo faz da luta interior do homem contra si mesmo quando perverteu a imagem de Deus, transformando-a em ídolo. O autor prossegue mostrando que essa alienação traduz-se por uma expressão, a *hybris* (significando orgulho, no sentido de autoelevação), que ajuda a entender com mais profundidade o conceito esboçado por Marx e permite uma análise mais acurada da alienação presente nas organizações. Alienado, o homem se encontra fora do centro divino e é centro de si mesmo: ser ele mesmo e construir um mundo constituem o grande desafio. Esta vocação desperta ao mesmo tempo a tentação de criar imagens de deuses imortais, porque tem consciência de sua infinidade potencial. Quem não reconhecer a ambiguidade desta situação, cai na *hybris*. Eleva a si mesmo além dos limites de seu ser finito e provoca a vingança divina que o destrói. A *hybris* é o chamado pecado espiritual que o homem pratica quando não reconhece sua finitude, identifica verdade parcial com verdade absoluta e identifica sua criatividade cultural com a criatividade

---

[14] Fromm menciona na nota 1 da pág. 50 a conexão que Paul Tillich faz entre os dois conceitos. Seguiremos a análise de Tillich em TILLICH, Paul, *Systematic Theology* three volumes in one, Chicago, The University of Chicago Press, 1967, Volume two, Part III, I, C e D, p. 45 ss.

divina. O ser humano confunde uma autoafirmação natural com uma autoelevação destrutiva.

Que pode o conceito de alienação esclarecer sobre o consumismo, tão presente em nossa sociedade e sustento das organizações empresariais? O consumo leva ao isolamento: as pessoas passam a se relacionar com um círculo bastante fechado de pessoas que seguem o mesmo modo de vida, que têm o mesmo padrão de renda e os mesmos centros de interesse. Deste modo, segundo um observador agudo desses fenômenos,[15] forja-se um consenso em relação a um modelo socioeconômico apresentado como o único possível: a manipulação de símbolos por modalidades audiovisuais e massivas de organização da cultura, subordinadas a critérios empresariais de lucro, reforça este consenso que vira pensamento único.[16] A perda da eficácia das formas tradicionais e ilustradas de participação cidadã (partidos, sindicatos, associações de base) não é compensada pela incorporação de massas consumidoras ou participantes ocasionais dos espetáculos que os poderes políticos, tecnológicos e econômicos oferecem pelos meios de comunicação de massa. Desaparece a cultura política que via as ações presentes como parte de uma história e procura de um futuro renovador. As decisões políticas e econômicas são tomadas em função das seduções imediatistas do consumo, que é a causa, a razão de ser e a finalidade das empresas.

Para o executivo, como temos visto, a comunhão com a empresa passa pela participação, o que é a razão de ser e a finalidade da empresa:

"Dinheiro pode não ser tudo. Mas pesa sim, e muito, para dar sustentação aos outros fatores de motivação. Na

---

[15] CANCLINI, Nestor García, *Consumidores e cidadãos, conflitos multiculturais da globalização*, Editora UFRJ, Rio de Janeiro 1995, p.27ss.
[16] Expressão cada vez mais usada para designar este consenso forjado: cf. por exemplo as análises feitas por vários autores e intelectuais publicadas mensalmente no periódico *Le Monde Diplomatique*.

mesma Monsanto, há cinco anos vem sendo feito todo um trabalho de mudança (...). O que a empresa pretende é criar uma mentalidade de sócios no negócio. (...) A melhor maneira de conseguir que os funcionários se sintam e atuem como sócios do negócio é dividir os lucros".[17]

Este conceito de alienação, esta perda de uma abertura para um outro mundo, deixam o ser humano entregue ao caos e a uma dinâmica de mudança permanente. Principalmente, deixa-o sozinho.

"Está escrito no Eclesiastes que o poder resulta sempre em acúmulo de tristeza e solidão. Abraham Lincoln, séculos mais tarde, no exercício da Presidência dos Estados Unidos, escreveria que um presidente não tem amigos. Recentemente, Peter Drucker, o guru dos gurus da administração moderna, arrematou em seu livro *Administrando em Tempos de Grandes Mudanças*: 'Os presidentes são seres humanos, e seu cargo é solitário'. Então, meu caro, se você deseja e trabalha para ser o número 1, encare o fato concreto de que a solidão do poder, cedo ou tarde, vai atacá-lo. Essa é uma angústia que persegue líderes de todos os quilates. A quem confiar uma dúvida, uma insegurança? Com quem compartilhar uma decisão quando você é o cara que deve tomar as decisões? 'O travesseiro é o melhor amigo para esse problema', dirão alguns. Pode ser. Mas nem todas as penas de ganso que ele possa conter darão as respostas para suas lamentações. De onde vem a solidão de um executivo bem-sucedido? 'Os executivos são as maiores vítimas da solidão gerada pela profissão', diz Claudia Lessa, gerente de gestão de recursos humanos da consultoria Price Waterhouse."[18]

Não adianta pensar que a insistência dada ao trabalho em equipe modificou algo neste ponto. Mesmo assim, esse

---

[17] BERNARDI, Maria Amália, Uma questão que vai além do dinheiro, *Exame*, 27 (584): 120, 24 de maio 1995.
[18] GOMES, Maria Tereza, Eu, eu e eu, o poder é solitário? É, Mas como preencher esse vazio? *Exame*, 31 (648): 126, 6 de novembro 1997.

homem pode surpreender, porque tem emoções, realidades com as quais as empresas precisam aprender a lidar.

"'Esse homem vem com coração, com sentimentos', diz. O problema, continua Cabrera, é que as companhias precisam aprender a administrar os sentimentos das pessoas. Só assim estarão também administrando o vínculo delas com a empresa. Essa nova gestão independe da lógica. Segundo ele, agora estamos falando daquilo que os americanos já batizaram de gestão espiritual. 'O vínculo não está mais no contrato de trabalho. Ele é sustentado, é eterno enquanto dura', diz."[19]

Pode parecer contraditório pedir ao executivo que pratique as virtudes da abnegação, da renúncia a seus interesses para dedicar-se à empresa com total disponibilidade e pôr toda a criatividade a seu serviço, deixando nas mãos dela todas as decisões que dizem respeito a sua remuneração, a sua qualidade de vida e a suas outras aspirações. Por outro lado, devido às reestruturações e aos consequentes cortes de funcionários, a empresa recusa-se cada vez mais a assumir um vínculo contratual com seus funcionários, condicionando sua permanência à abstenção da cobrança de outra lógica que não a da competitividade e dos cortes de custos. As empresas precisam preocupar-se com os sentimentos de seus executivos para induzi-los a entender que o vínculo empresa-executivo só pode ser eterno enquanto dura!

O conceito de alienação leva Joel Bakan a uma visão ainda mais radical.[20] Ele mostra que, sendo a instituição dominante hoje, a empresa corre o risco de adotar uma postura infalível e onipotente em busca de uma constante autoglorificação, como o fizeram em outros tempos a monarquia e a Igreja. Aí reside a alienação porque ao assumir praticamente o poder de dar

---

[19] BERNARDI, Maria Amália, O capital humano, reter e atrair talentos tornou--se uma questão de vida ou morte para as empresas, *Exame*, 31 (647): 124, 22 de outubro 1997.
[20] BAKAN, Joel, *The corporation, the pathologica pursuit of profit and power*, New York, Free Press, Simon & Schuster Inc., 2004, Introduction.

os rumos às sociedades, mais do que os governos o fazem, elas se tornam mais vulneráveis. Ironicamente, a mesma sociedade que lhes entregou o poder, achando que ia se livrar da propalada incompetência dos poderes públicos, começa a exercer cobranças proporcionais às expectativas depositadas na competência e eficácia, tão autoproclamadas, das organizações empresariais. Se a empresa não estiver atenta a esse novo tipo de cobrança social, ela corre o risco, segundo nosso autor, de tornar-se psicótica, que é o mais alto estágio da alienação sem volta, da loucura absoluta, porque ela seria uma pessoa... "jurídica" que só valorizaria o interesse próprio sem se preocupar com os valores morais implicados em suas decisões. O conceito de psicose é usado como metáfora porque, segundo sua aceitação mais comum, ele é definido como incapacidade de adaptação social ou como perturbação da capacidade de comunicação, ou como a perda de contato com a realidade.[21] É o que pode acontecer com qualquer comunidade humana que se fecha na onipotência e considera que todo o resto da sociedade está a serviço dela para que ela possa atingir seus objetivos, sejam eles religiosos, políticos ou econômicos.

Para concluir esta análise, lembraremos que a expressão extrema da alienação religiosa chama-se fundamentalismo. Pois bem, para George Soros, a ameaça maior para todos nós é o fundamentalismo de mercado:

> "O argumento central deste livro é que o fundamentalismo de mercado representa hoje uma ameaça maior para a sociedade aberta do que qualquer ideologia totalitária.(...) O fundamentalismo de mercado coloca em risco a sociedade aberta, inadvertidamente, ao interpretar de forma errônea o funcionamento dos mercados e ao atribuir-lhes uma importância indevida".[22]

---

[21] No verbete *psicose*, em LAPLANCHE e PONTALIS, *Vocabulário da psicanálise*, São Paulo, Martins Fontes, 1995, p. 392, os autores definem vários critérios da psicose.

[22] SOROS, George, *A crise do capitalismo, as ameaças aos valores democráticos, as soluções para o capitalismo global*, Rio de Janeiro, Editora Campus, 1998, p. 24-25.

CONCLUSÃO

Parece-me que o sonho mais coerente e mais sedutor de construir um mundo perfeito foi o da modernidade. Esta perfeição baseava-se na crença de que se podia atingir um conhecimento puro e perfeito a partir da ciência, o que conduziria a humanidade para um progresso absoluto. A hipermodernidade, embora reconhecendo que o ideal da harmonia política, construída pelos Estados-nações, foi frustrante, considera que a empresa pode retomar o sonho de um mundo unificado e próspero a partir do processo de globalização. As empresas eficazes, globalizadas e socialmente responsáveis, forneceriam o quadro que poderia guiar a sociedade para uma nova fase de progresso e para o desaparecimento de certas mazelas sociais endêmicas.

Acreditamos que a empresa tem, de fato, um papel fundamental neste processo porque ela adquiriu um peso enorme na definição dos caminhos que o mundo, de fato globalizado, vai trilhar. Isto porém supõe que ela aceite passar por um processo pós-moderno de reflexão crítica e serena. Em outras palavras, ela precisaria entender que, como disse Helio Mattar, diretor presidente do Instituto Akatu, o paradigma da perfeição deve ser abandonado e substituído pelo paradigma da imperfeição, assim como o paradigma produto deve

---

[1] Numa aula que ele deu no MBA de Gestão de Empreendedorismo Social no dia 1º de março de 2005.

ser mudado para o paradigma relação.[1]

As perguntas trazidas pela pós-modernidade são oriundas, não de uma especulação puramente intelectual, mas de experiências traumáticas tornadas possíveis pela crueldade sem ódio que é um dos frutos da eficiência e da eficácia trazidas pela modernidade a serviço de seus ideais de progresso. Zygmunt Bauman afirma que o Holocausto não teria sido possível numa sociedade pré-moderna porque ela não tinha condições de fornecer os paradigmas, a metodologia e os instrumentos que transformaram o que podia ter sido mais um massacre num processo de exterminação frio e calculado até os seus mínimos detalhes.[2]

A pós-modernidade pode curar nossa empáfia de querer explicar e justificar tudo, principalmente o sofrimento alheio, e de esperar que códigos de ética consensuais, nunca seguidos por todos, permitam à humanidade, finalmente, descobrir a pedra filosofal da convivência perfeita. Ela não introduziu a dúvida que deu a Descartes a ilusão do método perfeito. O que ela resgatou foi, sim, a angústia existencial! Jean Delumeau mostra que, ao invés do medo, que tem um objeto determinado, a angústia é vivida como uma espera dolorosa frente a um perigo tanto mais ameaçador quanto não identificado. Mas é ao mesmo tempo temor e desejo porque é ambígua: uma característica da condição humana que cria a si mesma e corre riscos.[3] A partir dela, podemos voltar a considerar duas possibilidades já trilhadas pelos gregos e por aqueles que se propõem seguir o Evangelho.

Com os gregos podemos reaprender a considerar os limites dos mitos e dos absolutos. Afinal, a relação ambígua que os gregos tinham com seus deuses poderia inspirar o tipo de relação que poderíamos ter com os grandes discursos e mitos

---

[2] BAUMAN, Zygmunt, *Modernidade e Holocausto*, Rio de Janeiro, Jorge Zahar Editor, 1998.
[3] DELUMEAU, Jean, *La peur en occident (XIV-XVIII siècles)*, Paris, Pluriel, Hachette Littératures, 1978.

da competitividade, do valor agregado e da onipotência tecnológica. Assim como os gregos se achavam melhores do que os deuses, que ordenavam tantas barbaridades e encontraram na filosofia um sadio espírito crítico, podíamos enxergar com maior bom senso, em algumas modas, as sementes destruidoras de nossa harmonia e de nossa serenidade. Nenhum discurso "absoluto, total ou perfeito" vale o sacrifício de um único ser humano. Se acreditarmos nisso, podemos, quem sabe, reaprender a discutir e pensar juntos, sem preconceitos e com a sadia altivez que nos dá a consciência de sermos sábios, e não sabidos! Helio Mattar insistia sobre a esperança que nos dá a tecnologia da informação. Falando muito dos riscos que ela nos faz correr, e não são poucos, esquecemos que, graças a ela, a *ágora* dos atenienses tomou as dimensões do mundo e que, talvez, possamos reverter a maldição da Torre de Babel. Este hábito de discutir e criticar, sem dúvida, um hábito de cidadania, deve ser resgatado para que, em vez de opor consumo e cidadania, o consumidor possa ajudar o cidadão.

A parábola evangélica do bom samaritano pode nos fazer reencontrar algo que é tão bem descrito pelo Dalai Lama:

> "Quando falo de sentimentos humanos básicos, não estou pensando somente em alguma coisa efêmera e vaga. Refiro-me à incapacidade de suportar a visão do sofrimento do outro. É o que provoca o sobressalto quando ouvimos um grito de socorro, é o que nos faz recuar instintivamente ao ver alguém maltratado, o que nos faz sofrer ao presenciar o sofrimento dos outros. E o que nos faz fechar os olhos quando queremos ignorar a desgraça alheia".[4]

O outro nome para compaixão é empatia. Muitos dos problemas enfrentados em todos os tipos de relacionamento vêm de nossa incapacidade de nos colocar no lugar dos ou-

---

[4] DALAI LAMA, Sua Santidade o, *Uma ética para o novo milênio*, Rio de Janeiro, Sextante (GMT Editores Ltda.), 2000.

tros e tentar sentir e entender o que eles sentem e entendem. Este carregar e suportar o outro talvez seja o melhor remédio para a burrice que nos acomete quando tentamos construir comunidades abstratas, equipes ideais e indivíduos perfeitos.

E para quem assume responsabilidades como líder de comunidade, líder político ou executivo de uma empresa, vale a advertência luminosa de Hannah Arendt sobre o poder.[5] Esta palavra, que tanto assusta e tantas maldições pode carregar, oferece, também, extraordinários desafios.

A nós que padecemos esmagados por acontecimentos que parecem criar situações irreversíveis, Hannah Arendt convida a desenvolver o poder do perdão. Fico admirado como essa palavra assusta. Nos ambientes empresariais, usa-se a expressão eufemística "dar uma segunda chance". Perdoar significa acreditar que o passado não é uma maldição, que temos o poder de consertá-lo ou que temos a oportunidade de um outro começo, no qual as cicatrizes se tornam gloriosas porque geram uma nova vida e uma relação transfigurada.

A nós que entramos na desesperança do "não tem jeito" por causa da total imprevisibilidade na qual parecemos mergulhados, Hannah Arendt lembra o extraordinário poder de prometer. Uma promessa assumida significa a possibilidade de construir projetos frágeis com pessoas vulneráveis. Toda promessa é um ato de esperança, porque faz do vínculo assumido uma força para enfrentar desafios e adversidades e não se deixar submergir pela demissão ou pela submissão.

Tudo isto só pode acontecer se não nos levarmos por demais a sério. Por isso queria concluir... esta conclusão provisória junto com Fernando Pessoa.

"Nunca conheci quem tivesse levado porrada.
Todos os meus conhecidos têm sido campeões em tudo.

---

[5] ARENDT, Hannah, *A condição humana*, Rio de Janeiro, Forense Universitária, 1991, p. 248ss.

E eu, tantas vezes reles, tantas vezes porco, tantas vezes vil,
Eu tantas vezes irresponsavelmente parasita,
Indesculpavelmente sujo,
Eu, que tantas vezes não tenho tido paciência para tomar banho,
Eu, que tantas vezes tenho sido ridículo, absurdo,
Que tenho enrolado os pés publicamente nos tapetes das etiquetas,
Que tenho sido grotesco, mesquinho, submisso e arrogante,
Que tenho sofrido enxovalhos e calado,
Que, quando não tenho calado, tenho sido mais ridículo ainda;
Eu, que tenho sido cômico às criadas de hotel,
Eu que tenho sentido o piscar de olhos dos moços de fretes,
Eu, que tenho feito vergonhas financeiras, pedido emprestado sem pagar,
Eu, que, quando a hora do soco surgiu, me tenho agachado
Para fora da possibilidade do soco;
Eu, que tenho sofrido a angústia das pequenas coisas ridículas,
Eu verifico que não tenho par nisto tudo neste mundo.
Toda gente que eu conheço e que fala comigo
Nunca teve um ato ridículo, nunca sofreu enxovalho,
Nunca foi senão príncipe – todos eles príncipes – na vida...
Quem me dera ouvir de alguém a voz humana
Que confessasse não um pecado, mas uma infâmia;
Que contasse não uma violência, mas uma cobardia!
Não, são todos o Ideal, se os ouço e me falam.
Quem há neste largo mundo que me confesse que uma vez foi vil?
Ó príncipes, meus irmãos,
Arre, estou farto de semideuses!
Onde é que há gente no mundo?
Então sou só eu que é vil e errôneo nesta terra?
Poderão as mulheres não os terem amado,
Podem ter sido traídos – mas ridículos, nunca!
E eu, que tenho sido ridículo sem ter sido traído,
Como posso eu falar com meus superiores sem titubear?
Eu, que tenho sido vil, literalmente vil,
Vil no sentido mesquinho e infame da vileza."[6]

---

[6] PESSOA, Fernando, *Poema em linha reta*.

BIBLIOGRAFIA CONSULTADA

LIVROS

ARISTOTE, *Éthique de Nicomaque*, Tradução francesa J. Vilquin, Paris, Garnier Flammarion, 1965.

ASSMAN, Hugo e HINKELAMMERT, Franz J. *A, Idolatria do mercado*, Petrópolis, Vozes 1989.

AUBERT, Nicole (org.), *L'individu hypermoderne*, Paris, Éditions Érès, 2004.

_____, *Le culte de l'urgence, la société malade du temps*, Paris, Champs, Flammarion, 2003.

AUBERT, Nicole, DE GAULEJAC, Vincent, *Le coût de l'excellence*, Paris, Éditions du Seuil, 1991.

BARBOSA, Lívia, *Igualdade e meritocracia, a ética do desempenho nas sociedades modernas*, Rio de Janeiro, Editora Fundação Getulio Vargas, 1999.

BAUDRILLARD, Jean, *A troca simbólica e a morte*, São Paulo, Edições Loyola, 1996.

BAUMAN, Zygmunt, *Ética pós-moderna*, São Paulo, Paulus, 1997.

_____, *O mal-estar da pós-modernidade*, Rio de Janeiro, Jorge Zahar Editor, 1998.

BENOIT, P. & BOISMARD, M.-E., *Synopse des quatre évangiles en français*, Tomes I e II, Paris, Les Éditions du Cerf, 1972.

BOISMARD, Marie-Émile, *A l'aube du christianisme, avant la naissance des dogmes*, Paris, Les Éditions du Cerf, 1999.

CANCLINI, Nestor García, *Consumidores e cidadãos, conflitos multiculturais da globalização*, Rio de Janeiro, Editora UFRJ, 1995.

COMELIAU, Christian, *Les impasses de la modernité, critique de la marchandisation du monde*, Paris, Économie Humaine, Éditions du Seuil, 2000.

CONDORCET, Jean Antoine Nicolas Caritat, *Esquisse d'un tableau historique des progrès de l'esprit humain*, 1793, Paris, GF Flammarion, 1988.

DE GAULEJAC, Vincent, *La société malade de la gestion, idéologie gestionnaire, pouvoir managérial et harcèlement social*, Paris, Éditions du Seuil, 2005.

DE MENDONÇA, Sonia Regina e FONTES, Virginia Maria, *História do Brasil recente, 1964-1992*, São Paulo, Editora Ática, 4ª edição revista e atualizada, 1996.

DE ROMILLY, Jacqueline, *Pourquoi la Grèce?*, Paris, Éditions de Fallois, 1992.

DRUCKER, Peter, *Administração, Responsabilidade, Tarefas, Práticas*, São Paulo, Livraria Pioneira Editora, 1975.

_____, *Sociedade pós-capitalista*, São Paulo, Ed. Pioneira Novos Umbrais, 1994.

DUMOUCHEL, Paul et DUPUY, Jean-Pierre, *L'enfer des choses, René Girard et la logique de l'économie*, Paris, Éditions du Seuil, 1979.

Durand, Gilbert, *L'imagination symbolique*, Paris, Quadrige / Presses Universitaire de France, 1998.

Eliade, Mircea, *O Sagrado e o Profano – A essência das religiões*, São Paulo, Livraria Martins Fontes Editora Ltda., 1996.

Fausto, Boris, *História do Brasil*, São Paulo, Edusp, Editora da USP, Universidade de São Paulo, 2000.

Fromm, Erich, *Conceito Marxista do homem*, Rio de Janeiro, Zahar Editores, 8ª edição, 1983.

Fukuyama, Francis, *The end of history and the last man*, New York, Avon Books, Inc., 1992.

Galbraith, John Kenneth, *A cultura do contentamento*, São Paulo, Livraria Pioneira Editora, 1992.

Hazard, Paul, *La crise de conscience européenne, 1680-1715*, Paris, Librairie Arthème Fayard, 1961.

Hinkelammert, Franz J. A., *As armas ideológicas da morte*, São Paulo, Edições Paulinas, 1983.

Jeremiias, Joachim, *Les paraboles de Jésus*, Le Puy, Éditions Xavier Mappus, 1962.

_____, *Teologia do Novo Testamento, a pregação de Jesus*, São Paulo, Edições Paulinas, 1980.

Johnson, Robert A., *Magia interior, como dominar o lado sombrio da psique*, São Paulo, Mercuryo, 1996.

Korten, David C., *Quando as corporações regem o mundo*, São Paulo, Editora Futura, 1996.

LASCH, Christopher: *The revolt of the elites and the betrayal of democracy,* New York-London, W. W. Norton Company, 1995.

LIPOVETSKY, Gilles, *Le crépuscule du devoir, l'éthique indolore des nouveaux temps démocratiques,* Paris, Éditions Gallimard, 1992.

LYOTARD, Jean-François, *A condição pós-moderna,* Rio de Janeiro, José Olympio Editora, 2000.

NOLAN, Albert, *Jesus antes do cristianismo,* São Paulo, Edições Paulinas, 1988.

PASSMORE, John, *The perfectibility of man,* London, Gerald Duckworth & Company Limited, 1970.

PETERS, Thomas J., WATERMAN JR, Robert H., *Vencendo a crise, como o bom-senso empresarial pode superá-la,* São Paulo, Editora Harbra Ltda., 1986.

PETERS, Tom, *Le chaos management, Manuel pour une nouvelle prospérité de l'entreprise,* Paris, Interéditions, 1988.

POLANYI, Karl, *La grande transformation, aux origines politique et économiques de notre temps,* Paris, Gallimard, 1972 (a obra original data de 1944), tradução portuguesa, *A grande transformação, as origens da nossa época,* Rio de Janeiro, Editora Campus, 2000 (ed. original 1944).

REICH, Robert B., *O trabalho das nações,* São Paulo, Educator-Editora, 1993.

RIFKIN, Jeremy, *O fim dos empregos,* São Paulo, Makron Books, 1996.

SANCTI THOMAE DE AQUINO, *Summa Theologiae,* Roma, Editiones Paulinae, 1962.

SENNETT, Richard, *A corrosão do caráter, consequências pessoais do trabalho no novo capitalismo*, Rio de Janeiro, Editora Record, São Paulo, 1999.

SIMON, Hippolyte, *Vers une France païenne?*, Paris, Éditions Cana, 1999.

SKIDMORE, Thomas, *Brasil: de Castelo a Tancredo 1964-1985*, São Paulo, Editora Paz e Terra, 1988.

SOBRINO, Jon, *O Princípio Misericórdia, descer da cruz os povos crucificados*, Petrópolis, Editora Vozes Ltda., 1994.

SÓFOCLES, *Édipo Rei*, em A *trilogia tebana*, Tradução do grego e apresentação Mario da Gama Kury, Rio de Janeiro, Jorge Zahar Editor, 1989.

SUNG, Jung Mo, *Deus numa economia sem coração*, São Paulo, Edições Paulinas, 1992.

_____, *Teologia e economia, repensando a teologia da libertação e utopias*, Petrópolis, Vozes, 1995.

TARNAS, Richard, *A epopeia do pensamento ocidental, para compreender as ideias que moldaram nossa visão de mundo*, Rio de Janeiro, Bertrand Brasil, 1999.

THUILLIER, Pierre, *La grande implosion, rapport sur l'effondrement de l'Occident 1999-2002*, Paris, Fayard, 1995.

TILLICH, Paul, *Systematic Theology* three volumes in one, Chicago, The University of Chicago Press, 1967.

VERNANT, Jean-Pierre, *O homem grego*, Lisboa, Editoria Presença, 1993.

VIDAL, Marciano (org.), *Ética Teológica, conceitos fundamentais*, Petrópolis, Editora Vozes, 1999.

WEBER, Max, *A ética protestante e o espírito do capitalismo*, São Paulo, Livraria Pioneira Editora, 8ª edição, 1994.

DICIONÁRIOS

ABBAGNANO, Nicola, *Dicionário de filosofia*, São Paulo, Livraria Martins Fontes Editora Ltda., 1998.

BUARQUE DE HOLANDA FERREIRA, Aurélio, *Novo Dicionário da Língua Portuguesa*, Rio de Janeiro, Editora Nova Fronteira S.A., 1975, 1ª edição (12ª impressão).

CANTO-SPERBER, Monique (org.), *Dictionnaire d'éthique et de philosophie morale*, Paris, Presses Universitaire de France, 1996 (1ª ed.).

COMPAGNONI, Francesco, PIANA, Giannino, PRIVITERA, Salvatore (org.), *Dicionário de Teologia Moral*, São Paulo, Paulus, 1997.

DE FIORES, Stefano, GOFFI, Tullo, *Diccionario de Espiritualidade*, São Paulo, Paulus, 1993.

GAFFIOT, Felix, *Dictionnaire Latin Français*, Paris, Hachette, 1934.

LACOSTE, Jean-Yves, (org.), *Dictionnaire Critique de Théologie*, Paris, Presses Universitaires de France, 1998.

LALANDE, André, *Vocabulário técnico e crítico da filosofia*, São Paulo, Livraria Martins Fontes Editora Ltda., 1993.

LAPLANCHE e PONTALIS, *Vocabulário da psicanálise*, São Paulo, Martins Fontes, 1995.

LÉON-DUFOUR, Xavier (org.), *Vocabulaire de Théologie Biblique*, Paris, Les Éditions du Cerf, 1971.

VACANT, A., MANGENOT, E., AMANN, É. (org.), *Dictionnaire de Théologie Catholique*, Tome douzième, première partie, Paris, Librairie Letouzey et Ané, 1933.

PERIÓDICOS

ASSEF, Andréa, O seu cartão já diz tudo?, *Exame*, 30 (628): 108, 29 de janeiro 1997.

BERNARDI, Maria Amália, Eles & Elas, meu chefe de batom e salto alto, *Exame*, 26 (554): 72-74, 30 abril 1994.

_____, Felicidade é sinônimo de produtividade, *Exame*, 26 (559): 88-95, 8 de junho 1994.

_____, Manter a pilha acesa, eis a questão!, *Exame*, 26 (568): 104, 21 de outubro 1994.

_____, Executivo nota 10. Mas como pai..., *Exame*, 26 (572): 107-113, 7 de dezembro 1994.

_____, Uma questão que vai além do dinheiro, *Exame*, 27 (584): 119, 24 de maio 1995.

_____, Seu emprego está seguro? Bem-vindos, senhores executivos, ao império da incerteza, *Exame*, 30 (610): 27, 22 de maio 96.

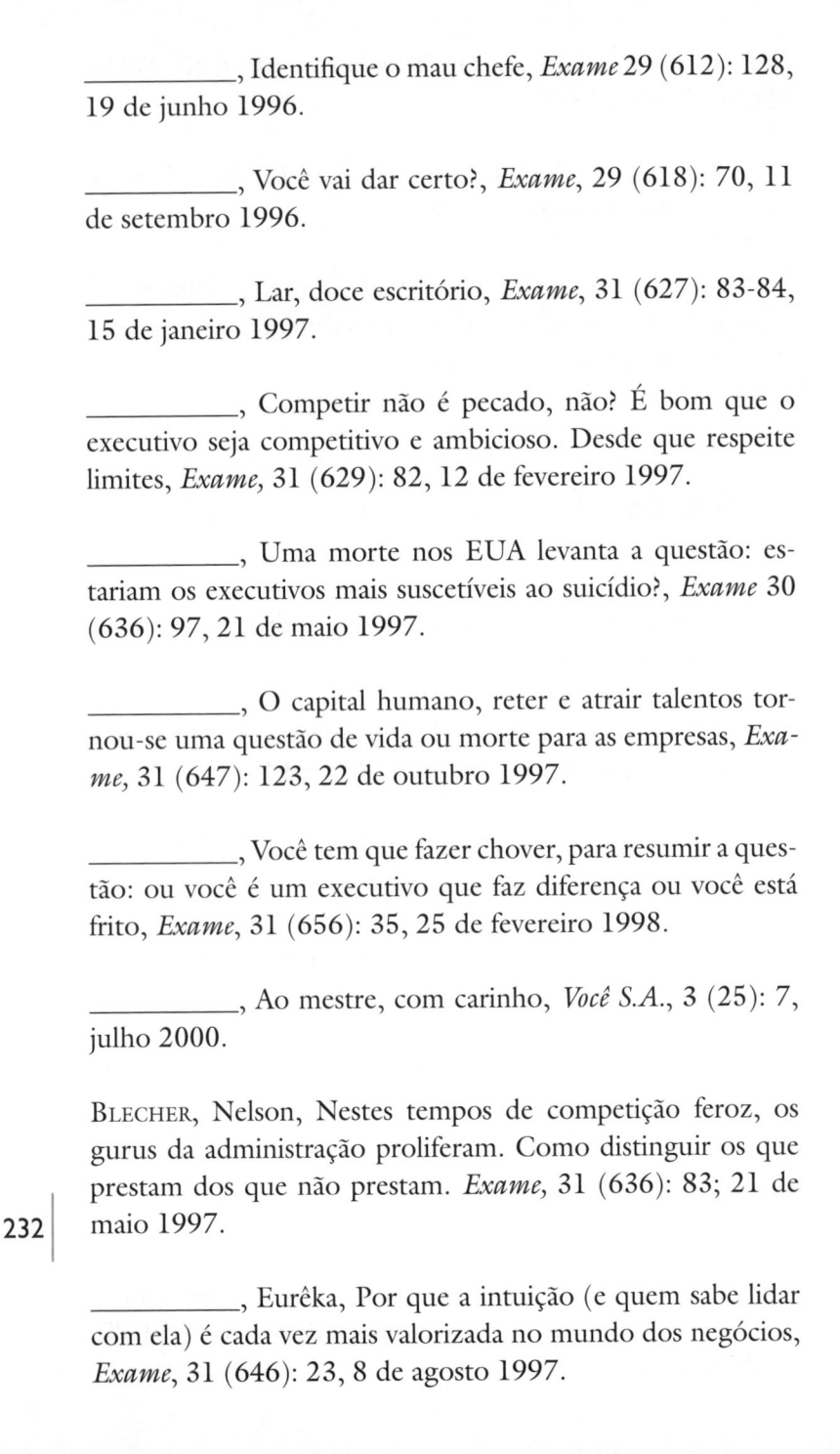

_____, Identifique o mau chefe, *Exame* 29 (612): 128, 19 de junho 1996.

_____, Você vai dar certo?, *Exame*, 29 (618): 70, 11 de setembro 1996.

_____, Lar, doce escritório, *Exame*, 31 (627): 83-84, 15 de janeiro 1997.

_____, Competir não é pecado, não? É bom que o executivo seja competitivo e ambicioso. Desde que respeite limites, *Exame*, 31 (629): 82, 12 de fevereiro 1997.

_____, Uma morte nos EUA levanta a questão: estariam os executivos mais suscetíveis ao suicídio?, *Exame* 30 (636): 97, 21 de maio 1997.

_____, O capital humano, reter e atrair talentos tornou-se uma questão de vida ou morte para as empresas, *Exame*, 31 (647): 123, 22 de outubro 1997.

_____, Você tem que fazer chover, para resumir a questão: ou você é um executivo que faz diferença ou você está frito, *Exame*, 31 (656): 35, 25 de fevereiro 1998.

_____, Ao mestre, com carinho, *Você S.A.*, 3 (25): 7, julho 2000.

BLECHER, Nelson, Nestes tempos de competição feroz, os gurus da administração proliferam. Como distinguir os que prestam dos que não prestam. *Exame*, 31 (636): 83; 21 de maio 1997.

_____, Eurêka, Por que a intuição (e quem sabe lidar com ela) é cada vez mais valorizada no mundo dos negócios, *Exame*, 31 (646): 23, 8 de agosto 1997.

_____, O fator humano, as empresas precisam desesperadamente de gente de primeira para sobreviver e prosperar. Mas onde encontrar essa gente? Bem-vindo à Guerra do Talento, que deverá selar o sucesso ou o fiasco das corporações, *Exame*, 32 (668): 105, 12 de agosto 1998.

CASTANHEIRA, Joaquim, Procuram-se executivos loucamente, *Exame*, 26 (571): 90, 23 de novembro 1994.

_____, A era da empregabilidade, *Exame*, 29 (610): 36, 22 de maio 1996.

COHEN, David, As empresas vão ser deles, *Exame*, 31 (661): 107, 6 de maio 1998.

CORREA, Cristiane, Ambev, no limite, *Exame* 34 (729): 66, 13 de dezembro 2000.

COVEY, Stephen R., As dez chaves para uma era de mudanças O.k., sua empresa precisa se mexer. Passo a passo, como envolver as pessoas nesse processo, *Exame*, 30 (609): 64, 8 de maio 96.

DALY, James, O mais importante guru de negócios da nossa época diz o que há de errado (e o que está certo) com a Nova Economia, *Exame* 34 (727): 120, 15 de novembro 2000.

DRUCKER, Peter, Comércio Eletrônico, O futuro já chegou, O maior pensador contemporâneo do mundo dos negócios desvenda a nova economia, *Exame*, 34 (710): 118, 22 de março 2000.

_____, Para o maior pensador do mundo dos negócios, a principal revolução trazida pela Internet será o ensino a distância para adultos, *Exame*, edição 34 (716): 64-65, 14 de junho 2000.

Gomes, Maria Tereza, A difícil hora de parar, *Exame* 30 (615): 60, 31 de julho 1996.

_____, Afinal, há vida depois da morte? Se o defunto for a carreira, há, sim. Os sobreviventes estão aí para provar. Ainda que tenham feito um estágio no purgatório, *Exame*, 30 (623): 144, 20 de novembro 96.

_____, Eu, eu e eu, o poder é solitário? É. Mas como preencher esse vazio? *Exame*, 31 (648): 125, 6 de novembro 1997.

Jardim, Lauro, Virei chefe, e agora? As agruras dos marinheiros de primeira viagem no comando de uma equipe, *Exame*, 31 (630): 104, 26 de fevereiro 1997.

Lahóz, André, Nova Economia, *Exame* 33 (695): 130, 25 de agosto 1999.

Mendes, Maria Luiza, Você tem carisma? *Exame*, 29 (610), 22 de maio 1996.

Möller, Claus, A santíssima trindade que leva ao sucesso, responsabilidade, lealdade e iniciativa. Eis os elementos fundamentais que formam o conceito de empregabilidade. Sua carreira depende disso, *Exame*, 30 (623): 102, 20 de novembro 1996.

Netz, Clayton, Carta do Editor, Peter Drucker é Peter Drucker, *Exame*, 34 (710): 7, 22 de março 2000.

_____, Carta do editor, *Exame*, edição 34 (729): 13 de dezembro 2000, p. 7.

Nogueira, Paulo, Carta do Editor, *Exame*, 29 (610): 7, 22 de maio 1996.

SGANZERLA, Valquíria, A cegonha chegou. E agora? *Exame*, 28 (593): 108, 27 setembro 1995.

SILVA, Adriano, Faça a guerra, não o amor, Em vez de se queixarem dos competidores estrangeiros, os empresários brasileiros precisam reagir e ganhar mercados, *Exame* 30 (633): 41, 9 de abril 1997.

_____, Que virtude há em ser pobre? *Exame*, 34 (709): 105, 8 de março 2000.

_____, Agressivo ou predador, *Exame*, 34 (715): 34, 31 de maio 2000.

SOUZA, César, Você é mesmo genial?, *Exame* 33 (693): 82, 28 de julho 1999.

VASSALO, Claudia, Chega, os absurdos e os escândalos do modelo trabalhista brasileiro, *Exame*, 32 (688): 107, 111, 19 de maio 1999.

_____, Sexo e poder nas empresas, *Exame*, 34 (725): 134-135, 18 de outubro 2000.

_____, Por que a responsabilidade social deixou de ser uma opção e virou motivo de sobrevivência para as empresas, *Guia Exame de Boa Cidadania Corporativa,* parte integrante da *Exame*, 34 (728): 9, 29 de novembro 2000.

VELLOSO, Guilherme, Carta do Editor, *Exame*, 20 (384): 2 de setembro 1987, p. 3.

Editoração, sistema CTcP, impressão e acabamento
GRÁFICA E EDITORA SANTUÁRIO
Rua Pe. Claro Monteiro, 342
Fone 012 3104-2000 / Fax 012 3104-2036
12570-000 Aparecida-SP